JN089148

「略
戦
「暗
記
す
る
」

思
考

考

高松智史

「唱えるだけで」
深く、面白い「解」を作り出す
破壊的なコンサル思考

かんき出版

はじめに（というか、第0章）

　「考える力」、その中でも、頂点に君臨する「戦略思考」を使えるようにすることが本書の目的。

　そのためには、「暗記する」のが最もセクシー。四の五の言わずに覚えてしまい、「今回は、あれを使ってみよう」と呟きながら使うのが一番である。と常々思っています。

　スポーツでも音楽でも柔術でも「感覚でできる」のは天才な奴らだけ。だから、僕ら凡人は、天才に憧れるのはよいが、「感覚でなんとなく理解して、ご機嫌に成長できちゃう」って勘違いしてはいけない。絶対に、天才の真似をしてはならないのだ。

　だから我々は、「暗記」。しっかり暗記して、使うことで「再現性100％」を目指し、感覚でやる＝むらっけ・パフォーマンスの上下がある天才に勝つ！ほんと、これよね、

「暗記」は、凡人を天才にする唯一の方法

　本当に、「暗記」はパワフルであり、行動も結果も大きく変えてくれます。

　今回のテーマは「戦略思考」。副タイトルは、

「唱えるだけで」深く、面白い「解」を作り出す破壊的なコンサル思考

戦略思考とは「解を作る、磨く」技術となります。

それを語りに語ります。

それも巷に溢れる「抽象的」な整理論が並ぶものではなく、読みたくなる、暗記したくなるを超えて、「誰かに話したくなる」ように書いたのが、本書、

「暗記する」戦略思考

となります。

　ということで、「第1章」には、12の「一行問題」を題材に「暗記する」戦略思考を講義形式で（＝あえて淡々と書かずに、皆さんに講義をしているかのように）書いております。僕のYouTube「考えるエンジンちゃんねる」を見たことがある方であれば、僕が目の前で、一対一で教えているかのように読めるつくりになっております。

　せっかく、読むという「時間」をいただくわけですから、その時間を最良のものにしていただきたいと思っております。

　「暗記する」戦略思考をより意味ある形にすべく、誠に勝手ながら「取り扱い説明書」といいますか、「こんなことを気にしながら本書を活用してほしい」ということを箇条書きでまとめておきます。

・繰り返しになりますが、「一対一で講義するかのように語っております」ので、皆さんの人生で必ず遭遇してきたであろう、少し変わった、熱い先生を想起しながら読んでください。暗記してもらえるよう、言葉や表現も、皆さんの「記憶」を少しでも刺激するように選んでおります。

・本書で取り扱う「一行問題」は事前知識などもいらずに解けますので、解説を読み進める前に「5分」、紙やWordに書くなどして、考えてみてください（コンサルタントを目指す方は「30分」は考えましょう）。「戦略思考」を磨くプロセスは、［暗記する］→［不自然に使う］→［違和感を発生させる］→［質問する］しかありません。皆さんの周

りで「優秀だな」と思う方にでも、もちろん、僕でもいいので、質問してみてください。「使った」ときに芽生えた［違和感］にこそ、成長のヒントが潜んでいますからね。

　要するに、「カジュアルに語るよ」「事前に5分は考えてみてよ」「質問しようよ」ということです。

　章立ては3章立てにしております。

第1章「暗記する」戦略思考講義
第2章「暗記する」戦略思考のスウィッチ化
第3章「暗記する」戦略思考マップ

　まず、第1章で「戦略思考」とやらを体感していただきながら、学んでいただきます。勢いよく、さまざまな思考の技術を使って解いております。
　そのうえで、第2章にて、スキル化していただく。スキル化のために、重要となる思考の技術が「戦略スウィッチ」です。その定義を含めて、解説しております。まさに、ココで覚えていただくことになります。そして、より使いやすくするために、第3章にて「戦略スウィッチの使いドコロ」を整理しております。

　講義前にお伝えしたいことは以上となりますので、
　さっそく、

「暗記する」戦略思考講義を始めます。

目　　次

第1章

「暗記する」戦略思考講義

第2章
「暗記する」戦略思考の
スウィッチ化
ビジネス・人生で「唱える」準備をする

第3章
「暗記する」戦略思考マップ

カバーデザイン　吉田考宏
本文デザイン　吉田考宏、古屋郁美
DTP　安田浩也（株式会社システムタンク）
野中賢（株式会社システムタンク）

第1章

「暗記する」戦略思考講義

世の中には「抽象的」なビジネス書、思考ボンが多すぎる。

本当に嫌いだ。というか、
そんな本、読んでも変わらない。
思考も行動も変わらない。というか面白くない。

ですので、第1章は「戦略思考って、
こういうアタマの使い方なんだ！」という、
思考の流れ（思考パス）を
感じてもらうことに軸足を置きつつ、
その中で、アタマの使い方、
のちに「戦略スウィッチ」と呼ばれるスキルを
感じていただきたいと思います。

その後、丁寧に健やかに
第2章、第3章にて、スキル化、
僕らしくいうと「スウィッチ化」しますので、
楽しみにしていてください。

第1章では「12」の題材の解き方を
実況中継しながら語っていますので、
まずは読み進めてくださいませ。

では、講義の始まりとなります。

「暗記する」戦略思考講義1
＝大学1年生の英語留学

　第1章では「戦略思考」をフルフルにフル活用し、それぞれの問題の解き方を「一連の流れ」として実況中継しながら解説していきます。
　その流れをまずはつかんでいただいたうえで、第2章でスキル化＝スウィッチ化をすることで、ビジネスや人生に使っていただくという構成になっております。

　第1問にいく前に、お願いといいますか、ぜひともやってもらいたいのが、こちら。

自分でも一回解いてみる。考えてみる。

　でございます。そして、解いてみた結果をぜひとも残しておいてください。それをあとで見返したときに、成長を実感できるからです。
　振り返ったときに成長する！

　自分の昔の回答、解いたものを見返したときに、「昔の写真を見たときのような感覚」を得ることができるのです。

なんで、こんな格好しているんだっけ。
なんだか、ダサい。

　と、昔の写真を見ると、そういう感覚を得ますよね。
　これと同じように、

なんで、こんな考え方しているんだっけ。
なんだか、ダサい。

「考える力」は当然、目に見えないため、「進化」を感じづらいので、可能であれば、一度、解いて、その結果を何かに残してから先に進むのが大吉です。では、さっそく、こちらの問題から始めていきましょう。

> ## Q. 大学1年生が、英語留学を考えています。
> ## 留学先に相応しい国はどこか？

では、皆さん、思考を巡らせてみてください。先ほども申しましたが、この問題をアタマに入れて、散歩に行き、考えてきてください。

戦略思考だけでなく、「考える力」を学ぶときは、前提／前置きの情報がウジャウジャある問題より、このような、状況があまり記載されていない「一行問題」のほうがベターです。

情報が少ない問題は、思考のスキルがないと考えを深めることができないからです。

ですので、本書では、「思考の幅」が出るように一行問題を採用しております（細かな話ですが「一行問題」というのは「本当に一行しか書かれてない」というものではありません。ハーバードのMBAでやるような状況などが書かれたケース／問題ではなく、前提条件が少なく、状況などが書かれていないケース／問題の意味で本書では使っています）。

▶ ここでしばらく考えてみよう。

「僕の」解き方を実況中継的に解説していますので、サクサクと読んでいただければと思っております。

まず、皆さんは何から考え始めましたか？

そのスタートのさせ方で、思考の深さも、面白さも変わってきます。

何を考えるか？何から考えるか？について、最初にして、大切すぎる話がきますよ。

まず考えるべきはこちら。

大学2年生、3年生、4年生でもなく、「大学1年生」

ということ。

当たり前のようで、当たり前でないのがこのお話となります。

この問題を解いた皆さんの回答が、

大学2年生（または、3年生、4年生）が、英語留学を考えています。留学先に相応しい国はどこか？

を解いているかのようなものではまったくダメ、ということになります。簡単に言えば、「大学1年生が！」という部分をちゃんと思考に入れられたか？が天下分け目となります。

今回の題材をもう一度、見てみましょう。

> Q. 大学1年生が、英語留学を考えています。
>   留学先に相応しい国はどこか？

そう、今回は「大学1年生」なのです。そこが思考のど真ん中に来ます。

アンダーラインしたように思考を回せていれば、素敵です。でも、僕がいままで教えてきた感覚でいうと30人に1人もそういう人はいません。

とすると、次に何をしなければならないか？

というと、こうなります。

大学1年生ってどんな感じか？
を具体的に想像する。

もちろん、情報として与えられているのは「大学1年生」だけなので、自分勝手に状況を置いて、深く考える「思考環境」を整えなければなりません。

実際にやってみると、こうなります。

大学1年生といえば、

- 4月に入学し、体育会系の部活も、就活を考えるとそそられるけど、世にいう「モラトリアム」な大学生活ですから、サークル活動で青春を謳歌する。

- 授業のサボり方も当然、まだわからないから、出席マストだろうが関係なく、出席をする生活が始まる。夏にもなると慣れてきて、「何かを学ぶ」という崇高なる論点はどこかにいき、「単位を取れればいい」という日本の典型的大学生になっていく。

- 「練習」よりも「飲み会」に軸足があるサークルを選択し、夏休みにはサークル合宿がある。友達ができるのもこれからなので、サボりづらいし、仲間外れは嫌だから参加したい。

- そのためにも、人生初のバイトを入学と同時に探し始め、週2〜3日のバイトをし、日々の遊び代を稼ぐ。

- サークル活動をはじめとして、新しいコミュニティの中で「自分のポジション」を確立せねばならないから、「英語留学の時期はおのずと冬・春休み」。

- 加えて、留学費用／海外での遊び代を稼ぐ期間も必要だから、やはり、「英語留学の時期はおのずと冬・春休み」が濃厚。

- 実際、1年生が終わる「3月」に照準を合わせると、11ヶ月で、毎月3万円貯めれば、33万円でいけそうだし、両親に半分出してもらえれば、予算は50万円。

　という大学生活を送るであろう「大学1年生」の英語留学先として、どこがいいか？となるわけです。

　こうやって「自分勝手に状況を置く」と、考えなければいけない色々な点が、自然と見えてくるはずです。

　これだけでも、単に「大学生」と考えているより、はるかに「深く」考えることができましたよね。今回は大学1年生でしたが、大学2年生であれば、「就活」も考える必要がないし、「大学でのポジション」も確立し、「サボって、単位を取る仕組み」も構築できているので、もっと柔軟に留学先を選べるはず。

　また、大学4年生であれば、「就活戦争」ど真ん中だから、行けるとしても、卒業間際になる。でも、卒業旅行にも行きたいので、どうしようか？などを想像しながら、問題に取り組まなければならない。というように、自分勝手に状況を置けば、深く考えることができるのですよ。

そうなんですよね。第2章で「戦略スウィッチ」として、改めて丁寧に定義をお伝えして「暗記できる」形までもっていきますが、本当にこの思考、

大学2年生、3年生、4年生でもなく、「大学1年生」からの、具体的に勝手に想像するプロセス

は、深く、そして、面白く考えるうえでいつでも大事になってきますので、記憶にとどめておいてくださいませ。

この具体的に考えることを教えると、よく次のような、質問を受けますので、それに答えておきます。

状況を勝手に置いて、間違っていたら、どうするの？

気持ちはわかりますが、まず先に言っておくと、間違っても構いません。というのは、具体的に大学1年生ってこうですよね！とスタンスを置いて思考できたことによって、この問題で検討すべき、意識すべきポイントが洗い出せましたよね。

大学になじむ期間が必要だし、
「サボりながら」単位を取るやり方も
まだわからないし、なにより、
留学費用の工面も考えねばならないことなど。

これらが決着しないと、
留学先は決まらないことが見えてきた。
これ自体が価値なのです。

　それをあぶりだす、その深さまで考えることが目的ですので、決して、
自分が勝手に置いた「仮定」を押しつけることが目的ではありません。
　あくまで思考を深めるために、状況などを勝手に置くのです。
　そこを理解していただけると、この考え方を使いやすくなるかと思い
ます。

　ここまでで、思考環境といいますか、思考があったまってきたので、

> Q.　大学１年生が、英語留学を考えています。
> 　　留学先に相応しい国はどこか？

をもう一歩分解して、考えやすくすると、こうなります。

> Q.　大学１年生が、英語留学を考えています。
> 　　留学先に相応しい国はどこか？

- そもそも、大学1年生が英語留学先として考えうる国はどこで、それぞれの特徴はどんな感じか？

- そのうえで、大学1年生が英語留学先の国を選ぶ際の評価基準は？

- 評価すると、どの国が1番になるのか？

このように分解すると、解きやすくなりますよね。

ここまでくれば、先ほど整えた思考環境＝大学1年生という情報から自分勝手に状況などを置いたことを念頭に、回答を作っていけばいいのです。

「僕の回答、模範回答」を学ぶのも大事なのですが、それと同じくらい学びが深いのは「思考が浅い、思考パスを飛ばしている」模範的に間違った回答を読み、「ココ、浅くない？」とつっこむこと。

浅い。確かに、思考が浅く感じる。

というのを感じてもらうことが戦略思考を学ぶ際に一番大事になります。読み進めつつ、皆さんも、「模範誤答例」につっこんでみてください。

あ、この考え方をしてないじゃん。
あの思考パスを通ってなさそうじゃん。と。

▶ 皆さんにより理解してもらうための「模範誤答例」

世界で主要な英語圏は北米（アメリカ、カナダ）、ヨーロッパ（イ

ギリス）、オセアニア（オーストラリア）、アジア（インド、シンガポール、フィリピンなど）がある。

　留学先の検討ポイントは留学期間と費用の2点ある。まず留学期間に関しては、1ヶ月の短期から6ヶ月以上の比較的長期の英語留学がある。大学1年生ということでまだ時間的制約がないと考えられるので、6ヶ月以上の比較的長期の英語留学を選択するものとする。

　さらに語学学校など教育機関が発達していると考えられるのは先進国が多い北米圏・ヨーロッパ圏・オセアニア圏の3つと考えられる。また費用面に関しては、オセアニア圏やアジア圏以外は先進国が多く物価や授業料は高額になってしまうことと、大学1年生でまだ十分な貯金をしていないと考えるとできるだけ安価に済ませたいものとする。北米圏やヨーロッパ圏よりもオセアニア圏のほうが比較的費用は安価に抑えられる。よって大学1年生の英語留学先に相応しい国はオーストラリアだと考える。

添削していきますね。

> ▶ 皆さんにより理解してもらうための「模範誤答例」の添削

　世界で主要な英語圏は北米（アメリカ、カナダ）、ヨーロッパ（イギリス）、オセアニア（オーストラリア）、アジア（インド、シンガポール、フィリピンなど）がある。

・ハマってしまっていますよね。「考え方」として、留学先の候補を見繕うのは正しいですが、伝え方としてはアウトですよね。なにより、聞かれているのは「留学先に相応しい国はどこか？」ですから、その答えがまず、先頭に来てほしいのですよ。「問いに答える、質問に答える」のは「対話」の最低条

件です。

　留学先の検討ポイントは留学期間と費用の２点ある。まず留学期間に関しては、１ヶ月の短期から６ヶ月以上の比較的長期の英語留学がある。大学１年生ということでまだ時間的制約がないと考えられるので、６ヶ月以上の比較的長期の英語留学を選択するものとする。

・ この方の思考が浅かった元凶はここにありますよね。「大学１年生」と自分勝手に状況を置いて想像するという思考を回していれば、「大学１年生は時間の制約がない」とはなりませんよね。
　評価基準として「検討ポイント」を示したのはよかったですが、この評価基準も緩いですよね。ここはもう少し、丁寧に立ててほしい。

　さらに語学学校など教育機関が発達していると考えられるのは先進国が多い北米圏・ヨーロッパ圏・オセアニア圏の３つと考えられる。また費用面に関しては、オセアニア圏やアジア圏以外は先進国が多く物価や授業料は高額になってしまうことと、大学１年生でまだ十分な貯金をしていないと考えるとできるだけ安価に済ませたいものとする。北米圏やヨーロッパ圏よりもオセアニア圏のほうが比較的費用は安価に抑えられる。よって大学１年生の英語留学先に相応しい国はオーストラリアだと考える。

・ 評価基準として機能しているのが「費用」としかなっておらず、それが残念でした。
　が、「大学１年生でまだ十分な貯金をしていないと考える」は具体的に考えられていてよかったと思います。

いかがでしたか？皆さんもお気づきになられたと思います。
一言でいえば、

リアリティが薄いことによる、思考の浅さに。

　現段階では、この感覚を持っていただければ、それでOKでございます。

　先ほど「模範誤答例」につっこみを入れていただきました。
　これをしていただいたのは、先ほど申した「リアリティが薄いことによる、思考の浅さ」を体感していただきたかったから。
　理由はもう1つあります。それは、自分自身でモノゴトを考えるときも同じく、自分の答えに対して、"つっこみ"を入れることで思考を深くする感覚をつかんでほしいからです。

自分の「今」の思考に、自分で"つっこむ"

　ただし、自分の「今」の思考に対して、まるで「第三者」的につっこむのは難しい。そのときに活きてくるのが、第2章で整理する「戦略スウィッチ」です。
　そして、その「戦略スウィッチ」を1つではなく、複数暗記して使うことで、より深く、面白く、考えられるようになるわけです。

　最後に「戦略思考」を学ぶうえで大事な心得をお伝えして、講義1を締めたいと思います。
　僕の本を読んだことがある方はピン！と来ているかもしれません。
　大事すぎることなので、本書でも書かせていただきます。

　戦略思考はもちろん、未来を考えること、問題解決もですが、

すべては

「答えのないゲーム」である。

だからこそ、仮に、「答え」というか「考え」が浮かんだとしても、その考えだけで、それは正解だ！間違いだ！という議論はできません。それは１＋１＝2などのような答えのあるゲームと異なり、答えのないゲームだから。

だとすれば、どうすればいいのか？

答えのないゲームの戦い方はこれしかありません。

「答えのないゲーム」の戦い方

① 「プロセスがセクシー」

＝セクシーなプロセスから出てきた答えはセクシー

② 「２つ以上の選択肢を作り、選ぶ」

＝ 選択肢の比較感で、"よりよい"ものを選ぶ

③ 「炎上、議論が付き物」

＝議論することが大前提。時には炎上しないと終われない

となります。

「答えのないゲーム」の戦い方に、今回の「戦略思考」を掛け算するとこうなります。

ちゃんとした思考のプロセス＝思考パスを通って、自問自答したものがセクシー。

その「ちゃんとした思考のプロセス」を読み物としてお見せしようとしているのが第1章となりますし、自問自答がしやすくなるよう、スキ

ル化、スウィッチ化したのが第２章となるわけです。

　このように、自分自身でスパークさせる・爆発的に考えさせる、自問自答をベースにした戦略スウィッチで思考を深められる仕組みを一緒に作っていきましょう。

　第1章は、細かいことは気にせず、

あー、こんな感じで解くのね。
この辺を「戦略スウィッチ化」するのかな？

という感じで読んでくださいませ。

では、

「暗記する」戦略思考講義１
＝大学１年生の英語留学

は以上となります。
　「思考プロセス」のほうが100倍大事なので「僕の回答」を載せる意味はあんまりないんですが、一応載せておきます。

▶ 回答まとめ

　　大学１年生の留学先に相応しい国を考えるうえで最も重要な評価基準と評価結果のセットで説明していきます。結論から言えば、オーストラリアをお勧めします。
　　そもそも、「大学２年生、３年生、４年生」でもなく、「大学１年生」であることに注目すると、考えるべきポイントが見えてきます。留学時期としては「前期は単位を真面目に取ろうと

している」「大学になじみ、サークル仲間にハブられないように
夏の合宿は行きたい」そして、なにより「金銭面として留学費
用を貯めるためには半年以上は必要」であることから、3月・
冬・春休みが濃厚で、期間は1ヶ月程度。予算も最大で11ヶ月
のバイト代から貯められる金額と、両親からの支援ということ
で50万〜100万円程度。また、社会人ではないため「1人」で
の海外旅行も初めてと考えられるため、そのサポートも両親を
説得するために必要になる可能性が高い。とすると、基準は大
きく3つ考えられる。①3月の気候が過ごしやすい、②50万円
(最大でも100万円)、③治安がよい(日本人が住んでいるなども含む)と
なる。一般的な留学先の候補となる、アメリカ、カナダ、オー
ストラリア、シンガポール、フィリピンなどの中で今の観点で
比較すると、オーストラリアがトップだと考えました。

というように、「自分勝手に状況を置く」ことで、深く、そして、面白
く思考することができるのです。

　人生の後悔の1つが大学時代に英語留学に行かなかったこと。ほんと、
ほんと、後悔。もし、大学生の方がこの本を読んでいたら、ぜひとも、留
学を考えてみてほしい。

　そうそう、オーストラリアの留学斡旋は「海外留学のワールドアベニ
ュー」がいいよ。僕の親友がやっているからね。

　では、余談はこのくらいして、講義1はここまでとしましょう。

「暗記する」戦略思考講義2

＝カインズ

さて、「暗記する」戦略思考講義2でございます。

この問題も味わい深く、色々な戦略思考を駆使できる題材でございます。では、まずはお題を見てみましょう。

今度はビジネス、ビジネスした問題でございます。

Q. 日本のホームセンター業界に属する「カインズ」という企業の売上高を1.5倍にすることをいったんのゴールと据えた時、どのように考えたらよいか？を相談したいとメールが届きました。

その先に目をやると、

- ホームセンターはDIYと呼ばれる日曜大工用品と園芸用品が主軸である。
- カインズの他に、ジョイフル本田やコメリなどの競合がおり、郊外や少し田舎に店舗があるイメージをしてほしい。

この本はあくまで思考パス、どうやって深く・面白く考えるか？を教えるための教材です。実際に僕はカインズやその他について、一切調べておりません。

"とある"ホームセンターの売上を伸ばすのね。くらいに捉えて、思考してくださいませ。

　では、ここで皆さんのアタマの中に、今回の題材がセットされたと思います。

　読み進めるのは一休みして、歩きながらでも、お風呂に入りながらでも、何かしながらでも構いませんので考えてみてください。

▶ ここでしばらく考えてみよう。

しっかりと解きましたでしょうか？

まず、皆さんは何から考え始めましたか？

　さぁ、皆さんが考えてきてくれたところで、解き方の一連の流れを説明していきたいと思います。

　今回のテーマとなる戦略スウィッチを教える前に、お伝えしたいことがございます。

　ハマってはならない罠があるのでございます。

打ち手バカにならない。
課題を飛ばして打ち手を考えてしまう罠にハマらない。

　この罠にハマらないようにしよう！って、叫ぶことから始まります。世の中には打ち手バカが多いので、流されないように気をつけなければなりません。

カインズの売上を伸ばすために、
年末商戦に向けてＣＭをドカンと打とう！
とか、
いやいやいや、今時はＣＭなんて見ない。
インスタだぁ！だから、
インスタグラマーに呟いてもらおう。

とか、打ち手まっしぐらな思考を「打ち手バカ」と呼んでいます。

課題を飛ばして、打ち手に飛びつく思考パス。

　この辺は、もう僕の本を読んでくださっている皆さんにとっては簡単でしょうから、今回の戦略スウィッチとして説明には入れていませんが、大切にしてほしい戦略スウィッチです。

　さて、と。打ち手バカにならなかったとして、次に何をしますか？

　もちろん、もちろん、先ほどの「暗記する」戦略思考講義１＝大学１年生の英語留学、でもやりました、あれですよね。もちろん、

具体的な状況などを勝手に置いてみる。

　この時に、「あ、具体的に考えるやつね」とせず、「暗記する」戦略思考講義１＝大学１年生の英語留学で僕が細かく思考した、あのページの「あのセリフ」を「そのまま」思い出す。
　それが今回の本の冠にもある

「暗記する」の意味。

思考を"ガラッと"変えるには、抽象的な言葉ではなく、思考パスを「そのまま」覚えてしまったほうがいいのです、最初のうちはね。

思い出してほしかった部分の抜粋は、ココ。

大学1年生といえば、

- 4月に入学し、体育会系の部活も、就活を考えるとそそられるけど、世にいう「モラトリアム」な大学生活ですから、サークル活動で青春を謳歌する。

- 授業のサボり方も当然、まだわからないから、出席マストだろうが関係なく、出席をする生活が始まる。夏にもなると慣れてきて、「何かを学ぶ」という崇高なる論点はどこかにいき、「単位を取れればいい」という日本の典型的大学生になっていく。

- 「練習」よりも「飲み会」に軸足があるサークルを選択し、夏休みにはサークル合宿がある。友達ができるのもこれからなので、サボりづらいし、仲間外れは嫌だから参加したい。

- そのためにも、人生初のバイトを入学と同時に探し始め、週2〜3回のバイトをし、日々の遊び代を稼ぐ。

- サークル活動をはじめとして、新しいコミュニティの中で「自分のポジション」を確立せねばならないから、「英語留学の時期はおのずと冬・春休み」。

- 加えて、留学費用／海外での遊び代を稼ぐ期間も必要だから、やはり、「英語留学の時期はおのずと冬・春休み」が濃厚。

> ・実際、1年生が終わる「3月」に照準を合わせると、11ヶ月
> で、毎月3万円貯めれば、33万円でいけそうだし、両親に半
> 分出してもらえれば、予算は50万円。

　今回でいえば、自分勝手に状況などを置くために自問すべきはここら
へんですよね。

> ・カインズには具体的にどんな商品がどのように陳列されてお
> り、何が売れていそうなのか？カインズにはどのようなお客
> さんが来ているのか？
>
> ・具体的に、来店目的や年齢、家族で来ているか？などはどう
> か？可能なら、3パターンくらいの主なお客さんのイメージ
> は？
>
> ・そのうえで、「お店に入ってから、出るまで」のお客さんの動
> きと感情はどのように変化するのか？

　解き始める前に、思考環境を整えてしまうといいですよね。
　ここまで来たら、実際に売上が伸びない原因を考えていくわけです。こ
こまでは前座で、ここからが真打登場って感じです。
　その時に、入れてほしい思考パスがあるのです。それは、

実際に「カインズ」がターゲット
としているお客さんはどのような分岐を経て、
お金を使ってくれているのか？
を考えてほしいのだ。

まず、DIYグッズや、園芸用品を買おうと思ったとき、どういう分岐に直面するだろうか？

１つ目の分岐:
「ホームセンター」で買うVS「ネット」で買う

まず、この分岐にカインズは勝たねばなりません。
そのうえで、次の分岐はこれになります。

２つ目の分岐:
我らのカインズで買う
VS
他のホームセンターで買う

を考えるわけだ。消費者の意思決定プロセス、購入までの道のりについて「敵」を軸に思考を深めるのだ。
そして、最後に、もう１つありますよね。分岐が。

３つ目の分岐:
(カインズで)いっぱい買ってくれる
VS
来店目的のモノだけ買われちゃう

この3つの分岐を軸に、打ち手バカにならないように、課題にフォー

カスして、解いていけばよいことになりますよね。

　その時に、このまま3つの分岐に沿ってフラットに回答してもいいのですが、ここで、細かめな思考を深めるスウィッチ、

３つ以上並んだら、順番に意味を。

　もちろん、分岐の時間軸で検討していくのも１つの「順番に意味を。」ですが、あえて、分岐の重さでいえば、

１つ目の分岐：
「ホームセンター」で買う VS「ネット」で買う

　これが最初に検討すべき分岐ですよね。あとの２つはどっこいどっこいではありますが、そんな時の順番のつけ方の１つが、こちら

ホームランを狙わず、クイックヒットを狙う。

　これは１つの鉄則。売上アップでもなんでも当てはまることですが、迷ったら、「インパクトは小さいかもしれないが、成果が先に上がる」ことを優先すべき。今回の場合は、

３つ目の分岐：
（カインズで）いっぱい買ってくれる
VS
来店目的のモノだけ買われちゃう

　ですから、すでに、我らのカインズまで足を運んでくれている前提となりますので、目の前に来てくださっている分、コツコツと施策を実行することで成果が見込めそうである。

クイックヒットとは、そういうもの。

　ということで、最大の山場でもある「分岐1」をまず検討し、そのあとに早期インパクトを狙い「分岐3」を検討していく。最後に、オーソドックスな、まさに競合との闘い「分岐2」を検討する。

　では、それぞれ、見ていくことにしましょう。
　大事なことなので、繰り返します。

打ち手バカにならず、課題、課題、課題を考える。

　では、まず最初の分岐からいきましょうぞ。

1つ目の分岐:
「ホームセンター」で買う VS 「ネット」で買う

　まさに、これはどの業界でも起きている大問題ですよね。

「ネットで買われちゃう問題」

　モノゴトを深く考える時に大事なのは、やっぱり、「大学1年生の英語留学」の、自分で状況を勝手に置いてから、具体的に考えること。ですので、こういうときも、自分勝手に状況などを置くことが大事。
　今回でいえば、「ネット」というフワッとした感じではなく「アマゾン」と具体的に置いてしまったほうが当然、思考が進みますよね。

なぜ、ホームセンターではなく、
アマゾンで買われてしまうのか？

Death by Amazonという言葉もあるくらいで、アマゾンの便利さは本当に半端じゃありませんよね。ポチッと押せば、しばらくしたら、届いてしまうんですから。

もう少し具体的に消費者の気持ちを想像して、当然、今回も自分勝手に想像して、なぜ、アマゾンで買われてしまうのか？を言語化していくことになりますよね。

とすると、こんな感じではないだろうか？

アマゾンに顧客を取られ、店頭まで行かずして、ネットで買われてしまっている。

それはどんなシチュエーションで、どんな商品だろうか。

少し具体的に考えてみると、「2回目の購入」はすべて、アマゾンにやられているのではと。

1回目の購入はやはり、店員さんと相談しながら、実際に触りながら、購入したい。

想像するに、特に「園芸」や「DIY」の場合、道具を揃えたりすることも「趣味」に含まれる要素が強いためである。

一方で、2回目購入。具体的には園芸用品で言えば、「肥料」とか、園芸に詳しくないけど、土、肥料とかよね。

肥料は重いし、自分の育てたきゅうりが病気にならない限り、肥料は変えないので、そのまま、2回目も同じものを購入する。だから、アマゾンでポチッと、されてしまう。

考えを進めると、アマゾンのようなネットもあるが、ホームセンター以外の業態にもお客さんを取られていると思われるので、それの思考も添えておく。

付け加えると、従来の競合である「ジョイフル本田」などのホームセンターやオンライン以外にも敵が出現している。その

代表例は「100円ショップ」ですよね。あれは最強ですからね。

　ちょっとしたDIYグッズであれば、100円ショップで買えてしまう。例えば、数回しか使わないトンカチとかは、使い勝手が悪かったとしても、まぁ、100円ショップので、いいか！的にもなりそうだ。他にも、「ハンズ」も品数は多くないかもしれないが、渋谷などの便がよいところにあるので、お客を取られているのも課題になっている。

というように考えていくのだ。

では、次の分岐に行きましょう。

2つ目の分岐：
我らのカインズで買う
VS
他のホームセンターで買う

これですよね。「他のホームセンターで買われてしまう問題」

　これは先ほど申したように、スジがあんまりよくないのでさらりといきましょう。

　確かに、他のホームセンターには勝ちたいし、負けてもいるだろう。でも、1人の消費者から見たときに、どこまでインパクトがあるか？を少し考えてみる。

　ホームセンターで売っているモノに差はない。

　いや、あるんだけど、「初めてDIYをします」「園芸用品を買おうぜ、ベイビー」となったとき、素人だから、「このホームセンターがいいよね」にはなりづらい。

当然、検索して、一番近くにある、行きやすいお店に行くだろう。

だから、繰り返しになるが、どんなにジョイフル本田の園芸用品の土が素晴らしくても、一番近いのが、カインズなら来てくれるわけだ。逆もある。

だから、このゲームは後回しにしてしまおう。

そんな感じで、具体的にホームセンターに行く人の顔を思い浮かべて、深掘りをしていけばよい。

では、最後の分岐に行きましょう。

3つ目の分岐：
（カインズで）いっぱい買ってくれる
VS
来店目的のモノだけ買われちゃう

大事よね。ここの分岐で負けている課題を解決するのはさ。

では、考えていきましょう。

カインズに行ったことがないのに、リアルに考える。

これは第2章でも説明しますが、いつでも、いつまでも入れておかねばならない戦略スウィッチです。

そもそも、カインズに来店するのは「買いたいモノ」が決まっており、それを買いに「わざわざ」車に乗ってくる人。

そうなのよね。もう、郊外に車で行くわけですからね。「あれを買いに行く」ですよね。

もちろん、細かい商品名までは決まっていないと思うが、「ベランダで子どもときゅうりを育てる」ための一通りのグッズと

いう感じだ。

　園芸やDIYは独身がやるというより、ファミリー持ちがやるイメージがあるので、実際に車で来店されるときは「家族連れ」。

　とすると、お父さんが目的のモノを買っている間、家族はやることがない。

　お父さんも家族を店内や車の中でずっと待たせておくわけにもいかないから、買い物を楽しむというよりは、早く買って、どこか違うところに行かねばと考える。

　なので、「滞在時間」を延ばせていないことが考えられる。

　違う言い方をすれば、子どもたちが「待つ」ためにちょっと遊ぶスペースはあっても、子どもたちが「カインズに来たくなる」ような、ゲームセンターやイベントはないのではないか。

　違う観点でいえば、DIYを張り切るのは「お父さん」。だとすれば、こういう問題もあるかもしれない。

　もう1つは、お財布問題がある。

　夫婦バランスがあるため、お父さんがお金を使うためには、その前にお母さんが「自分のために」お金を使っていないと難しい。お父さんだけ自分の趣味のものを買う、には当然ならない。

　違う言い方をすれば、お母さんが買いたい！モノが売っていないため、財布のひもが緩くならず、結果的に「買うべき必要最低限」のモノを購入するにとどまっているのではないか。

　また、車でわざわざ来ているから、買いたいモノに向かって、全力疾走。売り場を回遊することなく、買いたいモノが置かれている売り場に行ってしまう。

　そのために、購買意欲を刺激できず、コンビニで起きているような「ついで買い」を起こせていないのではないか。

こんな感じで、考えていけばよいのだ。

ちゃんと「売上が伸びない」分岐を3つ示し、それぞれの原因を探る。

それだけでも、深く考えられる。

　打ち手バカにならない。という表現もありますが、違う言い方をすれば、

課題が見つかれば、課題の裏返しをすれば、打ち手の方向性がおのずと見えてくる。

　この問題も当然、「答えのないゲーム」なので、このように「分岐」を詳らかにして、それぞれの原因を深掘りするのがセクシーなので、ここまで解説したプロセスを通ったような回答ができていれば合格点です。

　話し方も整えてしまいたいので、「僕の回答」を載せておきます。
　打ち手に至るまでの過程を含めて、

構造的な話し方の妙

を体感してくださいませ。話し方はほんと、大事ですからね。

> ▶ 回答まとめ

　このミーティングにおいて、まず、どのような問い（サブ論点）を検討すれば、答えに辿り着くかを説明する。
　そもそも、カインズは具体的に、どのような商品を、誰に、どのように提供しているのか？また、カインズのお客さんは今どのように、園芸用品やDIYグッズを買っているか？を検討したいと思う。
　そのうえで、打ち手ではなく、課題が大事になるので、なぜ、カインズの売上が伸びていないのか？（または減ってしまっているのか？）について検討したい。
　そして、課題が明確になったところで、打ち手を検討する。も

し、時間があれば、その打ち手の実行可能性とインパクトを検証し、1.5倍になりえるのか？を最後にチェックしたいと思う。

では、実際、カインズの売上高を1.5倍にするためには？を課題中心で述べさせていただくと、課題は３つに整理できる。
消費者行動に沿って言えば、

- １つ目は「ホームセンターに来店して買ってくれる」のではなく「ネット＋αで買われちゃう」
- ２つ目は「カインズで買ってくれる」のではなく「他のホームセンターで買われちゃう」
- ３つ目は「（カインズで）いっぱい買ってくれる」のではなく「来店目的のモノだけ買われちゃう」

という３つが考えられる。
特に、１つ目と３つ目の課題を深掘りし、打ち手までつなげたいと思う。

１つ目の「ホームセンターに来店して買ってくれる」のではなく、「ネット＋αで買われちゃう」から話します。
アマゾンに顧客を取られ、店頭まで行かずして、ネットで買われてしまっているのが、カインズの最大の課題ではないかと思います。
少し具体的に考えてみると、「２回目の購入」はすべて、やられているのではと。
１回目の購入はやはり、店員さんと相談しながら、実際に触りながら、購入したい。特に、想像するに、「園芸」や「DIY」の場合、道具を揃えたりすることも「趣味」に含まれる要素が強いためである。一方で、２回目購入。
具体的には園芸用品でいえば、「肥料」が一番、やられている

のではと。

　肥料は重いし、自分の育てたきゅうりが病気にならない限り、肥料は変えないので、そのまま、2回目も同じものを購入する。だから、アマゾンでポチッと、されてしまうのではないか。

　この課題を解決するためには「1回目の購入分がなくなるタイミング」を予測し、そのタイミングで電話などをかける。そこで、アマゾンではできない、「ちょっとした不満」などを聞き、購入商品の変更を提案したり、さらに必要なモノをリコメンドしたりするのがいいのではないか。

　付け加えると、従来の競合である「ジョイフル本田」などのホームセンターやオンライン以外にも敵は出現している。

　その代表例は「100円ショップ」だと思います。ちょっとしたDIYグッズであれば、100円ショップで買えてしまう。

　例えば、数回しか使わないトンカチとかは、使い勝手が悪いけど、まぁ、100円ショップので、いいか！的にもなりそうだ。他にも、「ハンズ」も品数は多くないかもしれないが、渋谷などの便がよいところにあるので、お客を取られているのも課題になっている。

　この課題の解決策は結構、難しい。短絡的にいえば、国道沿いにある店舗のサテライト店舗を作り、その出店エリアのお客さんの特性に合わせた商品をセレクトして置く。

．．

　次に、3つ目は「（カインズで）いっぱい買ってくれる」のではなく「来店目的のモノだけ買われちゃう」を話します。

　そもそも、カインズに来店するのは「買いたいモノ」が決まっており、それを買いに「わざわざ」車に乗ってくる人。

　園芸やDIYは独身がやるというより、ファミリー持ちがやるイメージがあるので、実際に車で来店されるときは「家族連れ」。

　とすると、お父さんが目的のモノを買っている間、家族はやることがない。

お父さんも家族を店内や車の中でずっと待たせておくわけにもいかないから、買い物を楽しむというよりは、早く買って、どこか違うところに行かねばと考える。

　なので、「滞在時間」を延ばせていないのではないだろうか。

　違う言い方をすれば、子どもたちが「待つ」ためにちょっと遊ぶスペースはあっても、子どもたちが「これをしたいからカインズに来たくなる」ような、ゲームセンターやイベントがないのではないか。

　この課題の打ち手は、ホームセンターを「パーク」化すること。

　DIYはトンカチを使ったり、ペンキで塗ったりと子どもが遊ぶのにちょうどよいものばかり。これを「キッザニア」のようにアトラクション化する。

　それを併設することで、DIYグッズを買っているお父さんを待つ。

　加えて、お父さんが行うDIYにも興味を持つことになり、一石二鳥である。

　もう1つは、お財布問題があると思います。

　夫婦バランスがあるため、お父さんがお金を使うためには、その前にお母さんが「自分のために」お金を使っていないと難しい。

　違う言い方をすれば、お母さんが買いたい！モノが売っていないため、財布のひもは緩くならず、結果的に「買うべき必要最低限」のモノを購入するにとどまっているのではないか。

　この課題の打ち手はシンプルにホームセンターの枠を超えたモノを売る店舗をテナントとして呼び込むことである。

　また、車でわざわざ来ているから、買いたいモノに向かって、

全力疾走。売り場を回遊することなく、買いたいモノが置かれている売り場に行ってしまう。

そのために、購買意欲を刺激できず、コンビニで起きているような「ついで買い」を起こせていないのではないか。

この課題の打ち手は、棚の前で、商品を見定めている人に積極的に声をかけ、商品アドバイスに加えて、園芸やDIYの奥深さを語り、園芸上級、DIY上級を目指してもらい、モノを買ってもらうことである。

という感じに、思考が自然と流れるように深まっているのを体感できる話し方ですよね。

読み返すと「分岐」を考えたことによるリズムのよさ、わかりやすさに気づいていただけると思います。この部分をぜひ戦略スウィッチとして手に入れてもらいたいのですよね（当然、第2章で、きっちり定義して、暗記していただきます）。

1つの問題、それも「一行問題」は思考スキルがあるか、ないか？で差が出てきます。ですので、本章＝第1章では

このアタマの使い方、覚えておこう。
第2章でも書いてあると思うけど、
自分的にも「戦略スウィッチ化」しちゃおう。

と楽しんでいただければ、嬉しいです。

講義2はここまでとしましょう。

思考を深めたうえで、ホームセンターに行くと色々なことが感じられますし、「暗記しやすく」なりますので、ぜひ一度、行ってみてください。

「暗記する」戦略思考講義3
＝車の教習所

　この第1章のテーマは「流れ」。「こうやって思考を深めていくんだぁ」ってのを感じてもらうこと。

　なので、バチバチ、さらさら読んでくださいませ。

　第1章のあちこちに、自然とちりばめさせていただいた、思考の切り口＝戦略スウィッチに慣れ親しんでくださいな。

　ではさっそく、今回の題材を見ていくとしましょう。

> **Q.　東京都内の自動車教習所の売上を２倍にする打ち手を考えてみてください**

　ビジネスも当然そうですが、人生も基本的には「何かを増やす」ことを考えますよね。

　「利益」を増やす、「採用」を増やすもそうですし、プライベートであれば、「自由時間」を増やす、「貯金」を増やすなど。その中でもビジネス上、ベタ中のベタな「売上２倍」を題材にさせていただきます。

では、皆さんも10分考えてみてください。

　ほんと、たった10分、できれば、25分考えるだけで、読み終えたときの「思考の進化」が変わりますので、本を閉じて、考えてみるといいですよ。

▶ ここでしばらく考えてみよう。

まず、皆さんは何から考え始めましたか？

何事も「最初が肝心」ですからね。

考え始めるとき、第1章の「暗記する」戦略思考講義1＝大学1年生の英語留学のあの部分を思い出して、真似して、やってほしいのです。

何か、わかりますか？

まさに、この箇所を思い出しておられたら、皆さんの勝ちでございます。

大学2年生、3年生、4年生でもなく、「大学1年生」

ということ。この問題を解いた皆さんの回答が、

大学2年生（または、3年生、4年生）が、英語留学を考えています。留学先に相応しい国はどこか？

を解いているかのようなものではまったくダメ、ということになります。

（中略）とすると、次に何をしなければならないか？

というと、こうなります。

大学1年生ってどんな感じか？
を具体的に想像する。

の部分ですよね。論点を噛みしめて、今回聞かれている本当の「問い」が何なのか？をちゃんと理解する思考パスですよね。

この思考パスを通った後で、今回の題材をもう一度見てもらうと、2つの箇所が輝いて見えてきますよね。

> **Q.** 東京都内の自動車教習所の売上を2倍にする
>   打ち手を考えてみてください

この2か所を噛みしめることで「思考環境」を整えていきます。

あとで説明しますが、思考環境＝「考え始めるための下準備」くらいに思っていただければ、今はOKでございます。

もう少し具体的に言いますと、

「東京都内の自動車教習所の売上を2倍にする打ち手を考えてみてください」

「自動車教習所の売上を増やす打ち手を考えてみてください」

青色の部分の差は何なのか？を捉えることが、浅い思考から抜け出すためのフックとなります。

では、まず、「東京都内の」を考えてみると、

- あくまで「都内」ってことは、ライバルは「近くはないけど遠くもない距離にある」他の教習所と、地方に泊りがけで行く「免許合宿」か

- 「都内」でいえば、進学率も高いので「大学在学中」に取る人が多そう

- 地方の教習所だと、都内に比べて、「車社会」なので、いち早く取るイメージがあり、高校時代に取る人が多そう

- 都内なので、そもそもの免許取得率も「電車があるから」「そんなお金があれば、他に使う」と低そう

- 地方であれば、生活するうえで欠かせないので、「免許を取らない」という選択肢はなさそう

こんな感じで具体的なイメージを持つことから始めたいですよね。

よく質問されることなので、本書で何度も書くと思いますが、この「自分勝手に状況などを置く」というのは、

それが合っている、
合っていないということではなく、
そのことで、深く考えられれば、よい。

ちなみに、僕は免許を持っていないので、教習所に行ったことはありません。

でも、自分の人生を通して見聞きしたことで「置ききる」ことはできます。それによって思考を深める土台を作っていくことになります。

皆さんが免許を持っており、僕より濃いリアリティを持っていましたら、グリグリと状況を置いて、思考環境を整えてくれたらいいのです。

では、もう１つの「２倍」を考えてみます。

これまた数字の感覚なのですが、まず、コンサル（というかコンサル面接においては）「２倍」は、現実的な、地に足を着けた打ち手で増やしてください。という意味になります。

では現実ではどうか？といえば、こう捉えることをお勧めしております。

捉え方としては、「10倍」ではなく「２倍」な感覚。

- 10倍＝非連続な成長を求められており、M&Aや新規事業も打ち手に入る

- ２倍＝既存の延長線上の成長のみが求められ、M&Aや新規事業はダメ

という捉え方をすると、思考を深めるきっかけになりますよね。

つまりは、安易にM&Aとかそういうのを打ち手の真ん中に置くなよ！ってことになります。

このように、具体的に、リアルに考え、そして、今、問われていること、論点をちゃんと噛みしめるのは本当に大事ですよね。さて、

思考環境が整った！

あと、皆さんは何を考えますか？

次に、どんな人がどんなタイミングで免許を取るのがオーソドックスなのか？を考えていきます。

ぼんやり大学1年生と考えずに、リアルに考えた、あの思考パスになりますよね。

ざっくり、4つのイメージが湧きました。

① 卒業間際に免許を取る「大学4年生」
② 在学半ばで免許を取る「大学2－3年生」
③ 高校卒業前に免許を取る「高校3年生」
④ 遅ればせながら免許を取る「社会人」
  ▷ もうすでに免許は取っているが使い始めたい「ペーパードライバー社会人」

あとは1つずつ、それぞれがどのように考えて、意思決定していくか？を想像しながら、思考を深めていくことになります。

まずは、①卒業間際に免許を取る「大学4年生」

はいはいはい、大学4年生でしょ。ということは卒業間際にすることと言えば、卒業旅行ですよね。なので、敵は「卒業旅行」。時間的にも卒業旅行と戦ってますし、なにより金銭面でもそうですよね。

もちろん、ご両親が卒業・就職のお祝いとして通わせてくれるかもしれませんが、車がマストな地方と比べれば、「自分で払いなさい」ですよね。

で、実際に免許を取るとなった場合、どのような、オプションが存在するのか？を考えると、「教習所」オプションとして、

- オプション１：短期間で仲間と取りに行く「免許合宿」
- オプション２：「家の近く」にある教習所に通う
- オプション３：「学校の近く」にある教習所に通う

となりますよね。

教習所は公共性が高いようにも思えるので、価格がそこまでいじれないように思える。

ので、消費者、今回でいうところの大学４年生の意思決定では「免許取得までの時間」と、なんといっても、「立地」が重視される。

そのうえで、大学４年生はどこで教習所の情報を得るか？を考えてみると、やはり、「学校の生協」になるだろう。

自分の大学生活を思い出してみても、確かに、生協に行くと、資格のTAC的な「簿記」「会計士」のパンフレットと同じように、「免許パンフレット」が並んでいた。

他にも情報の取り方としては「友達の紹介」もあり得るが、大学４年生の後半は就活を挟んでしまい、意外と友達と距離ができてしまい、口コミも起きづらい。

あとはコンビニに、ちょっと、免許のパンフレットが置いてある。が、これも「大学生」向けじゃなさそうなイメージ。

という感じでリアルに考えていくことで、思考が深くなっていくのです。

検討の方針は最後にまとめるとして、次のターゲットを見ていくこととしましょう。

次に、②在学半ばで免許を取る「大学２−３年生」はどうだろうか？

今度は「卒業間際の大学4年生」ではなく、在学半ばで免許を取る「大学2－3年生」。

　ちなみに、大学1年生を入れてもいいのですが、新しいコミュニティになじまなければいけない大学1年生。かつ、相対的にも絶対的にも大学1年生が一番、単位を取らねばならない。

　なので、大学1年生で免許を取るというのはスコープアウトしています。

　先ほどと同じように、リアルに考えていきます。

　在学半ばで免許を取る「大学2－3年生」は、卒業まで時間がない大学4年生に比べると、「通い」が多い気がしてきますよね。

　意思決定はやはり同じで、「立地」が肝となりますよね。

　大学にいる時間も大学4年生より多くなりますので、「大学に近い」教習所を選ぶことになるだろう。

　しかしながら、大学4年生では重視しなかった「口コミ」は結構、大事になるはず。

　なぜなら、大学2－3年生になると、やはり、サークル。サークルに所属し、サークルに依存する。そうなると、先輩から教えてもらった教習所に行くことになる。特に、免許合宿はその色が濃くなりますよね。

　このようにモノゴトを深く考えるときは「丁寧」にリアルに考えていくことが大事になりますよね。

　では、ここからは③高校卒業前に免許を取る「高校3年生」を見ていきます。

　今度は高校3年生。大学生とは異なり、学校の近くではなく、

「家の近く」。

　公立高校に通っていれば、高校の近く＝家の近く。ただ、大学生と異なるのは、高校生で取る場合、お金は両親が払うことが想定される。

　イメージでは、大学進学せずに、働く方が早めに取る必要がある。

となりますよね。

　では、最後の、④遅ればせながら免許を取る「社会人」について、考えてみます。

　社会人であれば、まず、仕事で忙しく、「若者がサークルのノリで参加する」イメージがある「免許合宿」は選択肢になりづらく、通いが基本線。

　次に、教習所の選び方だが、基本的には土日を活用して取るため、「家の近く」一本で検討するはず。さすがに会社の近くで取る人はレアケースですよね。

　しかし、あえて違いを挙げるとすれば、社会人になるとお金にも余裕があるため、「教官の教え方がうまい」や「感じのいい教官が多い」などの口コミがあれば、必ずしも最も近くの教習所を選ばないこともありそうだ。

　さて、①〜④まで丁寧に見てきました。

　ここまで深めると、東京都内の自動車教習所の売上を2倍にする打ち手を考えるうえで、「要するにこういうゲームなのかな？」というのが見えてきますよね。

　そこまでいけると、より深く考え切ったと言えますよね。

「東京都内の自動車教習所の売上を2倍にする打ち手を考えてみてください」問題の要点というか、ポイントが見えてきた！

1.「近い人はどうせ、来る」

この教習所が「立地」的に一番近い人たちは、大学生でも社会人でも通ってくれる。つまり、むやみに広告などを打たなくても、どうせ来てくれる人なので、この投資は無駄金の可能性さえある。

2.「距離的に同じ！な人は迷う」

「立地」的に、「この教習所」も「別の教習所」も同じ距離の人たちのみが「別の教習所に取られるかもしれない」ので、そのエリアを特定し、重点的に広告などを打って、ターゲットを取りにいく必要がある。○と○が重なった部分ということ。

3. 最大の敵は「免許合宿」となる

そのユーザーは当然、大学生。大学生に対して、「免許合宿」より「通い」のほうがいいよ！と訴求する必要がある。

4.「バイトで近くに来る人を捉える」

逆転の発想だが、「大学」や「家」以外でこの教習所近辺に「定期的に来る」人たちや、定期的に来させることで新たな顧客になり得る人たち。大学生であれば、バイト先。社会人なら、当然、勤務地。

5.「そもそも、免許取ろうぜ」

間接的になるが、「立地」的に来てくれる人だが「免許はいらない」と思ってしまう大学生に啓蒙する手もなくはない。

ということで、これら5つのポイントを軸に答えを作ればいいのだ。
このように1つひとつ丁寧に見ていくことで、

都内の教習所のビジネス、特にこのエリアは勝ちゲームだが、このエリアは負けゲームというのが見極められる。

ということで、この題材でお伝えしたいことは書き終わっていますが、最後に、「僕ならこう答える、という回答」を載せておきます。

▶ 回答まとめ

　東京都内の教習所の売上2倍を考えた時に、そもそも、どういう事業なのか？について触れてから、課題と打ち手を明確にしていきたいと思います。

　素直に考えると競合は「同じ教習所」となりそうだが、私はそうは思わない。

　実際、「立地」でほぼ100%、通う教習所を決めるため、一番、近くの教習所に通う。

　そのため、本教習所は何もしなくても、お客を集められる構造になっているはず。

　唯一、立地で勝ちきれないのが、他の教習所と同じ距離感で、迷う場所にいる人たち。あっちもこっちも距離的に同じだから、どっちでもいい！と思えるゾーンに住んでいる人たち。

　だから、2倍にする打ち手としては、そのエリアは簡単に特定できるから、そのエリアにある大学や大学生が住んでいそうなマンションに重点的にポスティングなどの広告をするのがよいのだ。

　一方で、絶対来てくれるエリアにおいては勝手に探してきてくれるから、そのエリアへの「他の教習所」対策の広告はいら

第1章　「暗記する」戦略思考講義

55

ない。

　ということは「立地」戦争になれば、いい意味でも、悪い意味でも、どうしようもない部分が多いわけだ。

　ということは、戦いは立地が関係ない「VS 免許合宿」である。

　免許合宿の場合、泊まりがけで行くため、立地は関係なくなるからだ。

　では、免許合宿はどんな人が利用しているか？を想像すると、やはり、大学生。特に、卒業間際に、社会人になる前に取らないと！と急に思った人が駆け込むイメージがある。

　もちろん、大学2－3年生も夏休みを使って、というのもあるが、サークル合宿などがあることを考えると、免許合宿利用のメインターゲットではなさそうである。

　なぜ、免許合宿を選ぶか？を考えてみると、短期間で取れることが大きい。実情はわからないが、泊まるわけだから、免許取得全体にかかるコストは高くなっているはずだ。

　加えて、意識されてはいなさそうだが、機会費用として合宿に行っている期間にバイトができない分も「通いの教習所」を選択するポイントになりそうだ。

　どこの免許合宿にするか？は1人で行かないことを前提とすれば、大学で決まる。

　なので、大学にある生協で、こんな風にアピールするのはどうだろうか？

　「免許合宿のほうが早い。が、コストが同じでも、忘れてはいけないサンクコスト！経済学がココに活きる。合宿中に稼げた10万円もコストと考えるべき」と。

　もう1つはサークルだ。サークルの口コミで伝統的に「あの免許合宿に」となりがちなので、サークルに「団体割引」的なものを提供し、定期的に来てもらう仕組みはよいだろう。

　ここまでで、「立地」で勝負になるエリアへの戦略、「VS 免

許合宿」を語ってきたが、もう1つ、あり得るとすると、この教習所のエリアに定期的に来る人を捉えるというのもあるかもしれない。

　例えば、大学生が「家」「大学」以外で行くとしたら、やはり「バイト先」だ。

　バイトのために、この教習所のエリアに定期的に来ている人をターゲットに売り込む手はあるかもしれない。

　具体的には、エリア内の居酒屋のチェーンや、家庭教師のバイトを特定し、そこと提携して、宣伝する。

　もう少し、ドラスティックにいけば、チェーン店と組み、教習所に通っている期間の6ヶ月は時給が50円アップになります！とし、そのエリアでのバイトを促す手もあるかもしれない。

　最後に、そもそも「免許を取らなくなっている」問題について、打ち手を考えてみる。そもそも、昔より免許を取らなくなったのは、交通の便が発達して不必要になったのが原因だとは思えない。昔も今も、山手線の便利さは変わらないからだ。

　だとすると何か？と言えば、1つ目は、「デートでドライブがトレンディ」的な文化が若者になくなったこと。

　2つ目は、携帯電話などの日常消費や、海外旅行に簡単に行けるようになり、「電車という代替手段があるのに、わざわざ、免許にお金を使わない」感である。

　この2つを解決できれば免許を取る人が、少しは増えるかもしれない。

　打ち手は、教習所単体ではなく、教習所協会として、テレビ局と組み、「ドライブは最高だぜ」と伝わるドラマを作るとかであろうか。

　どちらにしろ、間接的なので、スジがよい感じにはならないだろう。

　最後に、規制がある事業として「教習所」を捉えて答えてきましたが、仮にそういうのを取っ払って、純粋に免許を取ろう

とする方の「不」を解消してみようと思う。

　やはり最大の課題は、大学生でも社会人でも忙しくしていること。とすると、家から通いたかったり、大学や職場から、通いたかったりする。

　なので、教習所を複数選べて、どこでも行けるようにする。というのはいいと思う。

という感じで、深く、面白く考えることができるわけです。

情報がほとんどない「一行問題」でも、これだけ考えられるわけですから、情報を調べられる中であれば、もっと考えられるのです。

このスキル、思考パスを存分に、本書で「暗記」して、ビジネス・人生に活かしてください。

ということで、今回はここまでとしますね。

「暗記する」戦略思考講義4
＝コインランドリー参入問題

さて、グリグリいきましょう。

今回も問題の解き方、思考の深め方の一連の流れを押さえつつ、「あ、ここが戦略スウィッチになりそうだよね」と新しい思考の切り口を体感していただければと思います。

「戦略思考」とか「モノゴトを考える」って、表現が抽象的すぎて、なんというか、体感として、

手品のようにパッとアイデアが浮かぶもの。と誤解されておる。

そんなことはないよね。絶対にありません。戦略とは「戦いを略す（＝戦いを避ける）こと」とか、「選択と集中」とか色々表現されていますが、要は、

実際に行う前に、投資をする前に、リスクを取る前に、ありとあらゆることを考えて、打つ一手

なわけだから、どう転んでも戦略思考のプロセスは「丁寧」になりますよね。

その辺も、ここまでの3問でも感じていただけたはず。

なになに、こんなに細かく考えるわけ？と。
それが「戦略思考」ってものでもあります。

一方で、思考するスキルがないと、

「考えてください。10時間考えてください。」
と言われても困る。
考えることが30分、いや、
10分もするとなくなってしまうもの。

この思考のスキルを、この第1章を通して体感し、第2章にて丁寧に
スキル化＝スウィッチ化してほしい。

では、今回の題材を発表します。
この本の中でもお気に入りの問題です。面白いぜ。

> Q. 皆、大好き「セブン-イレブン」の
>   新規事業開発室長から相談を受けた。
>   「我々、セブンがコインランドリー事業に
>   参入した場合の課題を教えてほしい」

さぁ、これは本当にいい問題なんだよね。

「セブンがコインランドリー事業に参入した場合の課題を考えてみてく
ださい。」という問題を見たとき、どのような「課題」が浮かびました
か？

今から、3分考えてみてください。
いや、何かしら「課題」が2個浮かんだなら、
先に進んでくださいませ。

▶ ここでしばらく考えてみよう。

まず、皆さんは何から考え始めましたか？

素直な人はこんな感じの課題の方向性が浮かんだのではなかろうか。

- コインランドリーを設置する場所はあるのか？
- そもそも、コインランドリーなんて、儲かるのか？
- コインランドリーに投資する資金は？

などなど、ではなかろうか。うんうん、当然、これらも課題ではあるが、ここにパチンと使ってほしい、思考パスがあるのです。

ヒントは課題の方向性。ここに、課題の方向性の「分岐」が存在しています。

今回の論点の持ち主＝この問題を悩んでおられる方の気持ちを考えてほしいのだ。

論点の持ち主は、もちろん、セブン-イレブンの新規事業開発室長である。その彼か、彼女かわからないが、新しい事業として「コインランドリー事業」を始めてよいのかどうか、決めかねているということだ。

何に悩んでいるのだろうか？
本当に、彼は悩んでいるのだろうか？

ここで、1つ、ヒントを出しますね。

セブンがコインランドリー事業に参入した
場合の課題を考えてみてください。

ではなく、

セブンがブロックチェーン事業に参入した
場合の課題を考えてみてください。

とすると、感じ方が変わりますよね。
ほんと、まったく違いますよね。

ブロックチェーン事業もだいぶメジャーになってきているので、NFT
でも構いませんが、先進的な取り組みをしようとしているならば、

課題の軸足は、ブロックチェーン事業
＝「新しい事業に100％軸足がある」

となりますよね。
　あくまで、新しい事業を行うにあたっての課題はなんだ？なんだ？と
いうことに議論がめぐることになりますよね。
　そうなれば、どうやったら、ブロックチェーン事業が成功するか？
　そのうえで解決しなければいけない、課題は何か？
　というのが論点となりますよね。

でも、今回の問題を思い出してもらいたい。コインランドリーだ。
ブロックチェーンと比較するまでもないくらい、

軸足はコインランドリーにはなく、
圧倒的に比にならないくらいデカい、
既存事業のコンビニにあるのだ。

ここに思考のフックがあります。
　なにせ、コインランドリーは古い事業であり、運営における論点、課題は、誰かが体験済みであるだろうからね。
　とすると、もうおわかりかと思いますが、課題の方向性はセブン-イレブンに向かっていなければいけません。

とすれば、こう捉えねばなりません。

「セブン-イレブンが!!!!!」コインランドリー事業を行った時の課題は何か？
　もっと、明確に言えば、こうなりますよね。

セブン-イレブンというコンビニが、
コインランドリー事業を始めた場合、
コンビニ事業への!!!!
影響は何かありまっか？

なのである。
　この分岐を捉えられるのが戦略思考である。
　今回でいうと、目の前にぶら下がった「コインランドリー」は本命ではなかったのだ。事業の根幹を成しているコンビニ事業を軸足にモノゴトを深めねばならなかったわけだ。
　とすると、どういうステップでモノゴトを考えていけばいいか？論点

を立て、さらに、それをどう分解すればよいかといえば、こうなるのです。

(X) セブン-イレブンがコインランドリー事業に参入した場合の
課題は何か？

  (A) セブン-イレブンはコインランドリーをどのような形態
で、提供していくのか？具体的には、併設／2階スペー
スなどを活用していくのか？

  (B) 仮に併設などによりコンビニとセットで提供された場
合、「コンビニ生態系」はどのように崩れる／変化する
のか？

  (C) 上記の変化のうち、ネガティブなもの、特に、解決で
きない変化、課題になり得る変化は何か？

となります。皆さんも想像してみてください。

会議室で、役員から

「既存事業が安定してきた。ので、にじみ出た新規事業として、こんなことをしようということになったのだが、課題を考えてみてほしい。」

と、こういう感じのお題が来たら、その瞬間、皆さんは心の中で、

「はい、はい、はい。あれですね、この間学んだ、『セブンのコインラ
ンドリー参入問題』を暗記したから、それをベースに少し変えればいい
だけだね」と思い出したうえで、即座に発言すればいいのだ。

「なるほど。その新規事業だと最初のうちは少なからず、既存事業が軸足で、その新規事業も既存事業をより確固たる存在にするもの。だから、論点としては、既存事業への影響に重きを置いて考えるべきですよね。

だから、そもそも、新規事業はどのようなサービス提供を行うのか？を確認したうえで、既存事業が作り出しているビジネスモデル、ブランドも含めた生態系にどう影響するか？を詳らかにして、その後、それをプラスの影響・マイナスの影響、解決可能・解決できなそうという2軸で分類してみたらいいですよね」

と高らかに発言すればいいだけだ。これぞ、戦略思考。

これこそが、僕が皆さんに起こしてほしい変化であり、だからこその「暗記する」戦略思考なのだ。こうやって役員に対してスルスルと答えられれば、実にセクシーですよね。

では、最後に、この問題を僕が会議で聞かれたら、こんな感じでしゃべりだす。というのを書いておきます。

▶ 回答まとめ

まず、課題には大きく2つの方向性があり、1つはコインランドリー事業を行ううえでの課題。もう1つは、コインランドリー事業を行ったことによりコンビニ側に起きうる課題。

それぞれを考えていきたいと思います。

1つ目のコインランドリーを軸足に考えた場合は、考えなければいけない問いは大きく3つあり、それを示したのち、順を

追って、説明していきます。

① コインランドリー事業に必要な施設や運営に必要なケイパビリティ、ひいては成功するために必要なものはどのようなものがあるのか？

② 上記を踏まえ、セブン-イレブンが、現状、持っているケイパビリティは何か？

③ その2つを比較したときのギャップは何で、その中でお金などでは解決できない課題となるものは何か？

を解けば、課題が出てくると思います。

具体的に述べさせてもらうと、そもそも、コインランドリーを運営するうえでは、機材や、水回りの整備などのハード面に加えて、日々のメンテナンスのオペレーションを回せるケイパビリティが必要になります。

一方で、それらはセブンレベルでいえば、お金で解決できてしまうので、不足するケイパビリティとすれば、コインランドリーを設置するスペースくらいでしょうか。

隣接している場所、または、コンビニ内に設置しないと、目的の大半を占める、コインランドリー客に"ついで"にコンビニで買ってもらうっていうのができない。

ので、その課題をある程度、解消できるか？が大事になってくる。

2つ目のコンビニを軸足に考えた場合は、考えなければいけない問いは大きく3つあり、それを示したのち、順を追って、説明していきます。

① セブン-イレブンはコインランドリーをどのような形態で、提供していくのか？具体的には、併設／2階スペースなどを活用していくのか？

② 仮に併設などによりコンビニとセットで提供された場合、「コンビニ生態系」はどのように崩れる／変化するのか？

③ 上記の変化のうち、ネガティブなもの、特に、解決できない変化、課題になり得る変化は何か？

を解けば、課題が出てくると思います。

具体的に述べさせてもらうと、そもそも、形態としては先ほども述べたとおり、コンビニにコインランドリーの併設を行う狙いはもちろん、コインランドリー事業での売上自体ではなく、その利用者がコンビニで“お金を落としてくれる”こと。

では、そのときに、コンビニにどのような変化が起きるか？

まずはオペレーションの複雑化が挙げられる。

特に夜勤は1名体制になりがちだが、その体制で、コインランドリーが故障した場合などは、店員がその対応をせざるを得ないので、コンビニのレジなどの仕事ができなくなる。まず、この変化。

次に、コンビニの雰囲気の変化。コインランドリーを使う人が増えると、コンビニとしての雰囲気が変わり、現在の利用者がその店舗を使わなくなる可能性がある。

また、駐車場や立ち読みスペースなどが混んで不便さを感じた利用者が、他店舗に逃げてしまうかもしれない。

まとめますと、コインランドリー側、そして、コンビニ側にも課題・変化が生まれるはずで、それを今後は議論していくことになろうかと思います。

この「生態系」を考える思考パスは便利に使えますよね。

当然、第2章でここを「戦略スウィッチ」として括りだし、暗記していただきます。では、今回はここまでとします。

「暗記する」戦略思考講義5
＝スギ花粉

今回も「深く考える」感覚、丁寧に詳らかにしていく感じをつかんでいただければと思っています。

戦略思考は「意外と地味だなぁ」というのが重要な気づきですよね。

「地味に地道にコツコツと、勝つコツ、コツコツ」ですよね。人生もビジネスも戦略思考も。

今回の題材はこちらです。

Q. ある製薬会社が開発した、効果がある「スギ花粉抑制薬」を普及させるためには？を考えてくださいと相談された。
少しだけ補足情報がメールできていたが、
「スギ林にヘリコプターで薬品を撒くことでスギ花粉の発生を抑える」画期的な薬。とのこと。

今回もある「戦略思考」を教えたく、この問題にしました。

さぁ、今回もこの問題をアタマに入れて、サウナでも柔術レッスンでも行ってきてください。一度、考えたほうがいいですからね。

▶ ここでしばらく考えてみよう。

まず、皆さんは何から考え始めましたか？

そうそう、トライフォース大島の代表＝石毛大蔵師匠に弟子入りをしたのですが、柔術の世界もセンスとか、筋力とかも重要ですが、やっぱり「暗記が大切、暗記を丁寧にしよう」と取り組んでいます。

私のようにセンスの欠片もない場合、習った技を活字にして、アタマに入れて、アタマの中で何度も繰り返すことで習得を試みております。例えば、スタッキングパスガードという技であれば、

- 同時に股の下から、帯を取り、正座になって（ダブルアンダーフックポジション）、体を密着させる

- 左足を肩に乗せて、左手で、右側の襟の真ん中あたりを、親指を中で持つ

- 前につぶして、徐々に左に移動して、右手でお尻の帯を上げて、スクロールベースでサイドコントロールにいく

という感じでやっています。

戦略思考も、柔術も、僕の中では同じアプローチで習得しております。

まさに、冒頭に書いた

「暗記」は、凡人を天才にする唯一の方法

ってことなんですよね。

センスがあれば、なんとなくでも身に付く。

抽象的な本を読んだり、説明を読んだりしたら、「できる」ようになる。でも、そんな人は多くない。だから、僕は信じているんですよね。

センスを「暗記」でカバーし、凌駕するアプローチを。

存分に前置きをしたところで、
解き方を解説させてください。

まずは、「正しく」問題を理解することですよね。
今までのお題でも自然とやってきたものでございます。

どんなコンサル案件でも、一番大事なのはクライアントの「悩み」を正しく理解することです。今回はそれができるか？も試すことができる、非常にいい問題です。

皆さんに解いてもらった自分の答えを眺めてほしい。
この問いを解いてしまっていないだろうか？

「どのようにすれば、このスギ花粉抑制薬が普及するか？」

この問いを解いてしまっている人が本当に多いのです！罠にハマっています。よくよく題材を見てみると、こうなってますよね。

> Q. 効果がある「スギ花粉抑制薬」を普及させるためには？

この部分をちゃんと噛みしめて、わざわざ「効果がある」と記載している論点を解かねばなりません。
なので、当然、課題の置き所を「効果がよくわからない」とか、「副作用が心配だ」という方向にしないほうが本質に近づける。
簡単に言えば、

商品は完璧なのに、通常でいえば、
バンバン入れ食い状態のはずなのに、
"なんで、売れないのだ！"

と、問題を噛みしめたほうがよい。

これも実は「戦略スウィッチ」の1つなのですが、他の題材で語るので、お楽しみに。

思考環境をもう少し整えていきます。先ほど勉強した「カインズ」の問題では、消費者の購買の分岐を詳らかにすることで深く考えていきました。

では、今度は何を考えていくと大吉でしょうか？

新しい思考パスを伝授させていただきますが、その前に、

皆さんなら、何から考え始めますか？
1分だけ考えてみてください。

「考え始めることができれば、深く考えられる」、だからこそ、この本を通して、その「考え始め」のクオリティの上げ方のパターンを増やしてもらえたら、最高です。

今回は競合ではなく、これなんです。これ!!!

登場人物

スギ花粉抑制薬を取り巻く「登場人物」を丁寧に詳らかにして、それを起点に考えていけばいいのだ。論点として書けば、この2つだ。

① 「スギ花粉問題」の登場人物（含む、会社・団体など）はどのような顔ブレなのか？
② そのうえで、彼ら・彼女たちは「スギ花粉抑制薬」が普及したとしたら、どんな呟き・愚痴・賞賛をしているだろうか？

これですよね。これ。もう、自分で書いていながら、騒ぎたくなる。なので、この論点をそのまま覚えて、何かモノゴトを考えていて、サチっている時に（＝思考が飽和している時に）、「そうだそうだ、スギ花粉抑制薬っぽく考えて、登場人物を今一度、丁寧に書きだしてみよう！」となってほしいのだ。

では、皆さんは、どんな登場人物を浮かべましたか？

「スギ花粉問題」の登場人物（含む、会社・団体など）はどのような顔ブレなのか？

を45秒考えてみてください。
たぶん、さくっと、このあたりまでは浮かんだと思います。

- 「スギ花粉抑制薬」を開発した製薬会社
- 「花粉症」の患者さん
- 「スギ林を保有している」林業の方

ふむふむ、この人たちは登場人物としてもメインになりそうではある。他にはいないだろうか？
刑事ドラマの犯人捜しと同じ。最終的に「犯人はおまえだ！」と叫んだときに、「え？まさか、あなたが！」って盛り上がるためには、ドラマ

の前半に登場してないといけませんからね。犯人捜しをするときに、「いままで一度も登場していませんでしたが、この人でした」では「あ、はい。」となってしまいますからね。

　なので、ここが勝負所！と決め、丁寧に登場人物を浮かべるのが大事なんですよね。というわけで、巡らせるとこうなります。

- 「スギ花粉抑制薬」を開発した製薬会社

- アレグラFXなど「花粉症」に効く薬を開発した製薬会社

- マスクなどを販売している製薬会社

- 「花粉症」の治療を行っている地元の病院

- 病院全体を仕切っていそうな医師会

- 診療報酬などを決めていそうな厚生労働省
  （「チームバチスタ」に出てくる白鳥さんのイメージから想起）

- 長野県などのスギ林があるエリアの地方自治体

- 「花粉症」じゃない、その地方自治体に住む人

- 「花粉症」の患者さん

- 「スギ林を保有している」林業の方

- ヘリコプター会社（撒布を受託する会社）

いいですよね。ここまで浮かべたら、あとはそれぞれの登場人物の気持ちを想像し、

彼ら・彼女たちは「スギ花粉抑制薬」が普及したとしたら、どんな呟き・愚痴・賞賛をしているだろうか？

を自分勝手に思い描いて、「なぜ、普及しないのか？」を考えていけばいいからね。

こうなれば、なんというか、

思考を深くさせる思考パスが見えた！

では、3つ以上並んだら、順番に意味を、ということで、先ほどラインナップした登場人物を頭に入りやすい／重要な順番で説明していきますね。では、参ります。

> ・「スギを保有している」林業の方

林業の方は、この「スギ花粉抑制薬」について何を呟くだろうか？

- 確かに、素晴らしい薬で、スギ花粉抑制薬を撒布すれば、スギ花粉がばらまかれず、全国の皆さんが花粉症の悩みから解放される。
- でも、仮にスギ花粉が抑制されちゃうと、去勢された犬みたいに、元気がなくなり、大事なスギ林がダメージを受け、林業が廃業になってしまわないか？
- 仮に、そんな懸念も起きない素敵な薬だとしても、「一体誰が、お金を払うのか？」だよね。スギ林が花粉症の原因になっているのは申

し訳ないけど、我々は払いたくないよ。

という感じではなかろうか。

このように自分勝手に想像しながら、この「効果のあるスギ花粉抑制薬が普及する時」における登場人物の「本音」的、ココロの叫びをつぶさに拾っていけばいいのだ。

・アレグラFXなど「花粉症」に効く薬を開発した製薬会社

競合になり得る製薬会社はこの「スギ花粉抑制薬」について何を呟くだろうか？

・え？まじか？もし、花粉症がこの薬でなくなると、まずくね？うちの売上を牽引するアレグラFX！が売れなくなる。
・これはスギ花粉抑制薬が普及しないように、今までのコネを利用して、ブロックプレーをするしかないな。医師会や、厚生労働省にネガティブキャンペーンをして、普及しないようにしちゃお。
・うちだけじゃなくて、花粉症患者向けのマスクや目薬で儲けている会社にも声をかけて、徒党を組んでやろう。

はい！発見しました！いきなり発見ですよね。

「なんで、うまくいかないの？」「報われないなぁ」という時には、足を引っ張る、ネガティブキャンペーンをしたいと思っている人がいるもの。

そこに何か仕掛けない限り、何も変わりませんからね。

　花粉症の治療を行っている地元の病院は、この「スギ花粉抑制薬」について何を呟くだろうか？

・ 花粉症の時期は患者さんがいっぱい来るんだけど、もし、日本から花粉症患者がひとりもいなくなったら、大打撃にはならなそうだけど、それなりに患者さんは減るから、嫌だな。
・ 大げさにする必要はないけど、医師会の方にもお話しして、国にも、一言言ってもらって、簡単には普及しないようにしてもらおうかな。

　またもや、「世の中的にはいいかもしれないけど、そうされちゃうと商売上がったり！まではいかないけど、なんか、いやだなぁ。」と思っている登場人物発見であります。

厚生労働省はこの「スギ花粉抑制薬」について何を呟くだろうか？

・ なんだか、花粉症患者の治療をしている病院やら、製薬会社が、「ほんとに、普及させて大丈夫ですか？」「彼らの足を引っ張ってください！」って言ってきそうだな。
・ 総理と相談して、全国に広めろ〜という考えもあるし、一方で、逆に地方自治体に通達して、「スギ花粉抑制薬」を使うのは認可いるよ！的にしちゃうかだな。

　薬、ヘルスケアときたら、もうね、彼ら「厚生労働省」なくしては語

れません。さぁ、彼らを味方につけるのは誰だ！ですよね。

> ・長野県などのスギ林があるエリアの地方自治体

地方自治体はこの「スギ花粉抑制薬」について何を呟くだろうか？

- 確かに、うちの県や市区町村にあるスギ林が、花粉症の原因ではある。けれどさ、うちの財源でやるの、おかしくない？
- だって、花粉症患者は全国にいるわけだし、うちら地方自治体の予算じゃなくて、国の予算でやるべきだと思うよね。だから、営業に来ても、ためらうよね。

うんうん、いい感じの心の声。貴重な財源を「全国民」のために使いたい気持ちと、そうは言っても、地元民に愛を返したい気持ちの葛藤。

> ・「花粉症」じゃない、その地方自治体に住む人

スギ林が地方自治体に住む人は、この「スギ花粉抑制薬」について何を呟くだろうか？

- 気持ちはわかるけどさ、我々住民の税金なんだから、我々のために使ってほしいよね。だから、スギ花粉抑制薬にお金を使うのなら、この地域の病院とか介護施設などにお金を使ってほしいよね。
- 「税金の無駄遣い、反対！」というプラカードを持って、抗議活動をするほどではもちろんないけど、なんか、お金の出し手と受益者のズレは気になる。

そうなんよ。花粉症じゃない人にとっては「なんで、そんなことにお金を使うんだ！」って言いたくもなる。言わないけど。投票があったら、「他に使ってよ」に投票するけども。

> ・ヘリコプター会社（撒布を受託する会社）

ヘリコプター会社（撒布を受託する会社）は、この「スギ花粉抑制薬」について何を呟くだろうか？

- これは事業として、本当にありがたい。撒布できるヘリコプターやパイロットを提供できる会社は少ないから、我々の独占に近い。
- けど、花粉症がなくなるまで撒布を続けるのは相当な時間が掛かるし、撒布できるヘリコプターやパイロットの少なさがボトルネックになるよね
- あと、国との取引はルールが厳しいし、そもそも「コンペ」形式で、スピード感がないから、そこも難しい

実際に「スギ花粉抑制薬を撒く」登場人物の気持ちは大事ですよね。

> ・「花粉症」の患者さん

「花粉症」の患者さんは、この「スギ花粉抑制薬」について何を呟くだろうか？

- これは本当に助かる！この製薬会社、神様すぎる。

これで、アレグラFX飲んだり、マスクしたりしなくて済むし、まじ、
ありがとう。
・しかしだ、ヘリコプターを飛ばして撒布となると、お金がかかるけ
ど、これ、誰が払うんだろう？
政府が払ってくれる？我々が払う？……どうなるんだろう。
でも、お金持ちの方、ぜひ、払って、やってほしい。

実際、撒かれたとしたら、一番喜ぶのは花粉症の皆さんですよね。
でも、自分でヘリコプター業者に頼んでやれるわけもない。

> ・「スギ花粉抑制薬」を開発した製薬会社

「スギ花粉抑制薬」を開発した製薬会社は、この「スギ花粉抑制薬」に
ついて何を呟くだろうか？

それは、もちろん、これまでの登場人物が叫んだこと、そのすべてが、
彼ら、開発した製薬会社の呟きであり、「普及しない理由」につながって
くるわけだ。
ゆえに、その登場人物ごとの発言を整えれば、課題が浮き彫りになり
ますよね。

ほんと、戦略思考って地味。
いや、丁寧やなぁ。

では、最後に回答として、まとめておこうと思います。

「スギ花粉抑制薬」が売れない・普及しない理由は大きく３つあると考えています。それぞれ、課題と打ち手、１つずつ説明しながら、話します。

１つ目は「受益者」と「お金を支払う人」が不一致を起こしている構造にあるのが、最も普及しない原因となっていると思います。

具体的に言えば、スギ花粉抑制薬が撒布されて、利益を得る受益者は当然、全国の花粉症患者。でも、実際にヘリコプターでやることを考えると、お金を支払うのは地方自治体。でもそのお金は税金であり、彼ら、スギ花粉症患者のためだけに使ってしまうのも、ややフィットしない。

だから、仮に、ライトパーソンである地方自治体の方にコネを使って営業できたとしても「え？我々の予算でやるのか……稟議通りづらいね」となるはず。

ここが、効果のある薬でも、売れない最大の理由だと思います。

この課題への打ち手は「クラウドファンディング」の活用を促すこと。受益者である花粉症の人たちが1000万人いたとして、彼らから１万円とれば、1000億円。

１万円という金額は、彼らが、アレグラFXやら、マスクやらにかけている生涯の費用と比較したら、安い。

クラウドファンディングのよさである、受益者と支払う人を直接つなげられる。

．．．．．．．．．．．．．．．．．．．．．．．．．．．．．．．．．．．．．

２つ目は「既得権益を守る」という構造。

特効薬は素晴らしいのだが、花粉症に悩む人へのサービス提供で生活していた人は困るというもの。アレグラFXやマスクを売っている製薬会社や治療を行っている病院が、自分たちの食い扶持が減るから、厚生労働省に働きかけ、予算を確保させな

い動きがあると考えられる。

　この課題への打ち手は、ロビー活動をすることなので、そもそものメンタリティとして「いい薬だから売れる」という思想を捨て、利害関係の構造を理解し、国に働きかけ、国に、今の既得権益を守る形で、普及を後押ししてもらう必要がある。

　例えば、花粉症がなくなっても病院にとってマイナスにならないように、花粉症以外の、例えば、風邪の診察や薬の診療ポイントを上げて、その分で帳尻を合わせてもらう。

　3つ目は「林業の人たちの気持ち」問題。

　確かに、花粉症は抑制できるが、スギ花粉の生態系が崩れてしまう恐れはあるので、そのメンタルバリアは計り知れない。

　この課題に対する打ち手は正直、浮かばないけど、花粉症による生産性の低下は日本をダメにしている！として、補償をめちゃくちゃつけて、引退する林業家を買収していくしかない。

　こういう方向になりますよね。第2章、第3章まで読み切り、暗記しちゃえば、皆さんも自然とできるようになっちゃうので、楽しんでいきましょう。

　少し、ページが進んできたので、これまでの「アタマの使い方」をまとめておきます。

　何か問題に直面したとき、まずは考え始める。

　けど、すぐに「これ以上、何を考えれば？」と、いわば"サチる"状況になる。

　その時に、これまでで言えば、

- 「大学1年生の英語留学っぽく」考えてみると、とスウィッチを入れて、具体的な状況などを考える。これぞ、戦略スウィッチの1つと

して覚える。

- 「カインズっぽく」考えてみると、とスウィッチを入れて、競合、特に、消費者の購買の分岐を考える。これぞ、戦略スウィッチの1つとして覚える。

- 「車の教習所っぽく」考えてみると、とスウィッチを入れて、どこがホーム＝勝たなければいけないゲームで、アウェイ＝負けるゲームか？を考える。これぞ、戦略スウィッチの1つとして覚える。

- 「コインランドリー参入問題っぽく」考えてみると、とスウィッチを入れて、生態系がどう変わるか？を考える。これぞ、戦略スウィッチの1つとして覚える。

- 「スギ花粉っぽく」考えてみると、とスウィッチを入れて、登場人物を詳らかにして、それぞれの利害を噛みしめる。これぞ、戦略スウィッチの1つとして覚える。

このように戦略スウィッチを唱えて、自然と「深く、面白く」考えるアタマの使い方を習得していってほしいのだ。

でも、柔術と同じですが、技を単発で覚えても、ピン！と来にくい。

暗記のベースができにくい。

スタッキングガードだけを習っても。

そうではなく、一連の流れとして、

［グローズドガードブレイク］→［ニースルパス］→（に行こうとしてダメで）［スタッキングパス］→［スクロールベース］→［キムラアームロック］

というように、締める＝ゴールまでの一本の道筋を覚える。

そうすることで、実戦でも使いやすくなるし、技を教えてもらったときに、今までの知識とピン！と来やすい。

では、今回はここまでとします。押忍！

　ブラジリアン柔術で、戦略思考を説明できる日が来るなんて最高だぜ。

ブラジリアン柔術をされている方、ぜひ、ご連絡お待ちしてます。

「暗記する」戦略思考講義6
＝打倒セブン

では今回も「深く、面白く」考えるための思考の切り口を学んでいただければと思っております。

前節がやや長かったので、さくっと参りましょう。

> Q. ファミリーマートとサンクスが合併し、
> ファミマ・サンクス連合がセブン-イレブンに
> 次ぐ業界第2位となりました。そのうえで、
> 王者セブン-イレブンの倒し方を考えてください。

さぁ、今回も15分は考えて、先に進んでください。

サウナも柔術もやってきたと思うので、ここはひとつ、お題を覚えて散歩にでも出かけてみてはいかがでしょうか。

▶ ここでしばらく考えてみよう。

まず、皆さんは何から考え始めましたか？

そのまま素直にモノゴトを考え始めてしまった方は、こんな感じで、今回の問いをつかんだのではなかろうか。

セブン-イレブンを倒すための方策を複数挙げなさい。セブン-イレブンよりもいいコンビニに生まれ変わるために、どうしたらいいのか？

と考えますよね。だって、今回のお題は打倒！セブンと言っているわけだから、決闘で、セブン-イレブンを倒して、コンビニNo.1に。

と考えちゃいますよね。

でも、ここで、

ほんとに？ そうなの？

という思考パスを作りたいのが、今回のお題を取り上げた理由でもあります。

では、考えていきますね。

ここ1年、いや、ここ1週間を振り返ったとき、悩んだことがあるだろうか？

セブンとファミマが並んでいるけど、どっちに行こうかな？

と。ほとんどないはずだ。

にゃい。

というのも当たり前で、コンビニの出店戦略的に、近くに2店舗作ったとしても、1店舗分の売上を取り合うことになって非効率ですからね。

もちろん例外はあります。オフィスビルのような、「めちゃくちゃ人が多いやん！」という立地の場合、同じエリアに2店舗あっても、「まだ1店舗分いける！」という算段で、出店する場合はありますからね。

　皆さんも思い出してみてください。どこが浮かびますか？違うコンビニが並ぶとこ。

　ぱっと思い浮かぶのが、僕も大好き、コンサル界の王者アクセンチュア近く！の、あのANAインターコンチネンタルホテル東京に行く途中の大通りの、やたらとコンビニが並んでいるあそこ。

　意外というか、並んでいるシーンを思い浮かべるのは難しいですよね。もうおわかりですね。

セブンを打倒する！からといって、 セブンと戦っていないのだ。

　大きな、大きな、落とし穴。これが大きな落とし穴であり、今後、皆さんがビジネスや人生で何かを考えるときに「あ、打倒セブンみたく、ハマってない？」と思考を切り替えてほしいのだ。

　この辺の思考を持っておかないと「命取り」になる場合があるから、大事にしてほしい。

　例えば、お題が「フジテレビの視聴率、ひいては売上を伸ばすためには？」だった場合、

おしゃー、敵はTBSだ！テレビ朝日だぁ！と、 打倒しようとしている感じだ。

　当然、スジが悪いですよね。まさに、今のTV局に勢いがないのは、この論点を取り違えた結果とも言えそうですよね。

　当然、TV業界内だけが敵ではなく、YouTubeであったり、携帯コンテンツだったりするわけですよね。当時、ホリエモンさんがフジテレビ

を買収するんだ！と世間を賑わしたときに、誰かが、

確かに、敵はTVに非ず。
インターネットであり、YouTubeだぁ！

と叫んでいれば、TVの現状は違ったかもしれませんよね。

　そう思うと、賛否はありますが、ホリエモンさんには本当に先見の明がありすぎますよね。

　話を戻します。

　だから、セブンにはこんな「不」＝不満、不便、不都合があるので、こういうサービスを出しましょう。とか、「セブンよりおいしい弁当を作りましょう」という打ち手もすべて論点がズレている！ことになりますよね。

ファミマ・サンクス連合にとってのセブン
とは、早稲田にとっての慶應ではないのだ。

　素直に考えてしまうと、戦う相手を間違えてしまうぜ！という問題でございます。

では、誰が敵なんでしょうか？

　ファミマ・サンクス連合は誰と戦わないといけないのか？
　それは、セブンがやってきた戦略を見れば、一目瞭然ですよね。

　こんな感じで、セブン-イレブンのサービスは増えていってますよね。本当に便利なセブンであり、コンビニですよね。

セブンはこんなことをしてきた

- うまい弁当を売り始めた

- 流行りの雑誌を売り始めた

- ATMを導入した

- チケットを売り始めた

- クリーニング事業を始めた

- コーヒーメーカーを置いた

といった感じですよね。

そうなんです。

セブン-イレブンは誰と戦ってきたか？を端的に言えば、

「商店街」と戦ってきたのだ。

商店街にある、あらゆるサービスを組み込み、「集客」につなげてきたわけだ。

- うまい弁当を売り始めた→街のスーパー、お弁当屋さん

- 流行りの雑誌を売り始めた→本屋さん

- ATMを導入した→銀行

- チケットを売り始めた→チケットぴあ

- クリーニング事業を始めた→クリーニング屋さん

- コーヒーメーカーを置いた→喫茶店

というわけだ。

つまり、この問題を言い換えると、

ファミマ・サンクス連合が
セブン-イレブンを倒すために、
「商店街」をいかに喰うか？

ということになるわけだ。

いいですね。思考が深くなりましたよね。

では、最後に、僕の回答を載せておきますね。

▶ 回答まとめ

　ファミマ・サンクス連合がセブンを倒し、業界第1位になるための打ち手を考えたいと思います。

　具体的に打ち手を考えるときに、そもそも、セブンよりいいサービスを提供したからといって、セブンに勝てるわけではないことがポイントだと思う。

　少し説明すると、実際、消費者にとって、セブンとファミマ・サンクス連合のどちらに行こうかな？と選択する機会がほとんどないということ。なぜなら、コンビニというビジネスモデル

を考えると、同じエリア、同じ商圏に2店舗あっても、売上が増えるわけではなく、1店舗分を取り合うだけなので、近くには出さないことが多いからだ。

同じエリアに2店舗出すときは、オフィスビルに近くて、2店舗分以上の利用者が望めるところだけ。だから、見かけることが少ない。

ぱっと浮かぶのは、アクセンチュア近くの、ANAインターコンチネンタルホテル東京に行く途中の大通りくらい。

突き詰めて考えてみると、コンビニは「商店街」と戦ってきた。

町のお弁当屋さん、銀行、クリーニング屋さん、喫茶店など、商店街にある、あらゆるサービスを取り込むことで、「集客」につなげて、客単価を上げてきたのだと思っています。

では、具体的にどのようなサービスを加えることで、商店街が担っているサービスを取り込むことができるだろうか。

繰り返しになるが、単にサービスを拡充したとしても、コンビニを利用する人の数は増えない。「いかにお金を使ってもらえるか？」を考えなければならないので、ライバルとなる商店街のサービスを根こそぎ、狙っていく。

浮かんだ順に述べていくと、携帯ショップ、TSUTAYA的DVDレンタルショップ、薬屋さん、マクドナルド的なファストフード店、コインランドリー、パン屋さん、QBハウス的な床屋さんといった感じだろう。

特に携帯ショップの機能を追加できれば、最高だと思う。

という感じです。

戦略思考といいますか、「深く」考えることの定義や中身は抽象的すぎて、これを追いかけても哲学の議論が始まるだけ。天才しか「戦略思考ができるようになる」ゴールには辿り着きません。

僕はそういうのは苦手なので（あんま、意味なくね？と思っている）、

思考パスをそのまま覚えて、それを思い出し、使ってみる。

のが手っ取り早いんですよね。

では、今回は以上となりますぜよ。

「暗記する」戦略思考講義7
＝仏スーパー

ここまではいわゆる「戦略を立てましょうぞ」的なお題でしたが、今回は少し異なります。そして、本書でご紹介する題材の中でも、3本の指に入る頻度で活躍する思考パスとなります。

では、いきます！

> Q. フランスの大手スーパーマーケットがネットスーパー事業に進出しようとしています。
> そのうえで、調査をしようと思い、クライアントは貴方に相談しにきました。
> 進出を判断するのにどんな情報が欲しいか？
> を考えてください。

この問題で手に入れてほしいのは、

「どんな情報が欲しいか？」
という調査、調べる時の思考パス

「調べる」というと、世の中のほとんどの人はこう思っている。

調べるって雑用でしょ？

本当にこう思っている方が多いんです。

しかしながら、何かを作り出す、考えるプロセスをシンプルに言えば、

インプット→考える→アウトプット

となりますから、いかにいいインプットをするか、得るかが、大事になります。

インプットの話で、いつも、僕が例示するのはお鮨屋さん。

ミシュラン掲載のお鮨屋さんがあったとしましょう。

そのお鮨屋さんを思い浮かべると、

当然、お鮨屋さんの大将の腕前は一流。
だけど、それ以上に
お鮨屋さんのネタは超一流！

なんですよね。マグロなんて、すんごいのを仕入れていますよね。

いいお鮨屋さんは必ず、大将が持ってますよね、

仕入れの技術

どこから仕入れるか？どれを仕入れるか？の卓越した目利きの技術を持っています。

その仕入れの技術にあたるのが、ビジネスで、人生でいうところの、

「調べる」技術

なのです。ですので、調べるというのは雑用なんてとんでもない。最高の付加価値を出す、答えのないゲームであり、アタマの使いどころなんですよね。

この「仏スーパー」は僕が「思考すること」を教えるときに使ってきた大好きなお題なので、語りたいことがいっぱいあるんですよね。

では、一度、皆さんも何を調べるか？を考えてみてください。
この節で、「調べる」技術を磨きますよ。

Q. フランスの大手スーパーマーケットがネットスーパー事業に進出しようとしています。
そのうえで、調査をしようと思い、クライアントは貴方に相談しにきました。
進出を判断するのにどんな情報が欲しいか？
を考えてください。

▶ ここでしばらく考えてみよう。

まず、皆さんは何から考え始めましたか？

では、解説をさせてください。

当たり前ですが「調べる」時に忘れに忘れてしまっていることの話からさせていただきたいと思います。それは、

「調べる」ということは、
何か、今後の何かしらの行動を変えるために、
調べているということ。

そうなんです、調べるうえで大事なのは、

ほわっと「なぜ調べるか？」みたいな目的論ではなく、

あっちの方向に行くのか？
こっちの方向に行くのか？
を見極めるために調べるべきことは何か？

という思考なのだ。
だからこそ、何かを調べる時は、

僕らは何の行動で迷っているんだっけ？と、
○○ VS ○○を明確にする必要がある。

では、今回の題材で、どっちに行くべきか？○○ VS ○○を考えてみてください。
もっとわかりやすく言えば、

まさに、社長が悩む
オプションX or Y は何か？

では、その分岐を紹介していきますね。
まさに、この部分が今回の題材でいう、丁寧に詳らかにすることで深く思考できるところになります。

ということで、何がわかれば、何が知れれば、このX or Yの分岐に終止符を打てるのか？を考えていきます。

最初の分岐はこちら、

1. 仏スーパーはネットスーパー事業に参入すべきか？すべきでないか？

ですよね。

この分岐に決着をつけるために何を知ればいいか？を考えていくわけです。書いてみますね。

- フランス、特に、都市部の家庭の、朝・昼・晩ご飯の買い物はどのように行われているのか？
    ▷ そもそも、フランスでは、どのくらいのエリアにどのくらいのスーパーが存在しているのか？
    ▷ そのうえで、買い物における「不」＝不満、不便、不都合は発生しているのか？
- ネットスーパーを近くの拠点からの配送を前提とした場合、このスーパーの利用客の年齢層はどのようになっているのか？
    ▷ ネットスーパーは最終的には全年代での利用を目論むが、ファーストユーザーはネットに強く、かつ、スーパーに行けない＝独身ビジネスパーソンであるため、その層はどのくらいいるのか？
- また、このスーパーでの売れ行きは、ネットショップに適している商品が中心なのか？それとも、不得意な商品が中心なのか？
    ▷ これは考え方にもよるが、生鮮食品は多いのか？少ないのか？
- この会社のネットスーパーの敵となりえる、他のネットスーパーや、少し異なるがアマゾン／アマゾンフレッシュの利用

率はどのくらいなのか？

　▷　「ネット」で食品を買う文化は現時点でどこまで
　　　根付いているのか？

・ネットスーパーに欠かせないインフラ基盤＝配送拠点、配送
　業者などは自社で賄えるのか、もしくは、日本でいう佐川急
　便のような連携できるパートナーは存在するのか？

　この感じで、分岐をあげる。その分岐を見極めるために知りたいこと
を書く、というサイクルを繰り返すことが大事なのです。

　この「分岐」や「そのために知りたいこと」を浮かべるコツは、今回
ならこの社長って、「どんな顔して、どんな悩みを持ち、どっちに行けば
いいんだよ！」と叫んでそうか？をリアルに具体的に感情移入すること。

2. リアル店舗のスーパーと新しく作る ネットスーパーの位置づけは？ リアル店舗⇔ネットスーパーの関係 は、主従関係or 独立関係か？

　事業戦略を考えるときに、リアル店舗としてのスーパーでは
取り切れない層を取ります！的な、「主」であるリアル店舗スー
パーを、補完・補助するための「従」としてのネットスーパー
なのか、それとも、今後の社会の変化の中で、ネットスーパー
単体で価値を出し、利益を出すことを前提に考えていくか？の
分岐がありますよね。

　さて、何を知ることができれば、この分岐がわかるか？です
よね。

- リアル店舗のエリア毎のシェアはどのくらいなのか？
    - 絶対的王者のポジションであるかどうかはまず知りたいところ。
      王者であれば、主従関係で、より最強になるイメージ。
    - でも、そうじゃないとすれば、「ネットスーパー単独」で弱者の戦略＝王者がやりづらい戦略をとっていく必要があるので、独立関係となる。
- この企業の沿革や、今の役員を見た時に、(A) イノベーションや (B) 変革に対するケイパビリティ、耐性 (変化に強いかどうか) があるのか？
    - イノベーションに強い組織でなければ、そもそも「独立関係」という戦略は厳しいからね。

この分岐は本質的な戦略の軸足を決める。
この「主従関係」か「独立関係」か、の意味は、

カニバリを避ける
or
カニバリも"辞さない"

という分岐につながってきます。

さて、次の分岐です。

3. 自分が知りうる「ネットスーパー」 ＝ここでは日本と同じビジネス環境と考えていいのか？ or フランスは独自のものと考えたほうがいいのか？

　前提として、日本においては、ネットスーパー？流行ってなくね？と思っていますが、その前提で考えていいのか？を判断したい。

　正直、この論点は1、2にもかかわるので、最後は行動の分岐に残らない気もしますが、とりあえず、この分岐は大事。

　では、何を知ることができれば、この分岐に決着をつけられるか？を考えていく。

- 日本と同じように、フランスでは、毎日、お母さんが近所のスーパーで買い物をし、料理を作る行動をとっており、買い物は基本、地元のスーパーなのか？
- そのうえで、現状において、ネットスーパーは普及しておらず、あくまで、生鮮食品以外はアマゾンで買うし、生鮮食品はスーパーどころか、地元でおいしいと評判の専門ショップ＝魚屋さん、お肉屋さん、八百屋さんで買う感じか？
- そもそも、フランス人は"ネットスーパー"の分岐点となる、（日本人と同じように）生鮮食品を食べるのか？

　これは割とイメージが浮かびやすかったかと思います。

　まだまだ、あります。

4. 王者の戦略か？ or 二番手／弱者の戦略か？

　答えにも近づいてしまうかもしれませんが、リアル店舗スーパーとして王者で、その先の未来を自ら先頭を切って作る感じの"ネットスーパー"なのか、それとも、リアル店舗では大負け気味の中で、後追い的にやる感じなのか？は知りたい。

　これは1〜3の分岐で調べたことである程度わかります。が、それ以外で知りたいことを一応、書いておくと、

- リアル店舗のエリア毎のシェアはどのくらいなのか？
  - ▷ 絶対的王者のポジションであるかどうかはまず知りたいところ。王者であれば、主従関係で、より最強になるイメージ。
  - ▷ でも、そうじゃないとすれば、「ネットスーパー単独」で弱者の戦略＝王者がやりづらい戦略をとっていく必要があるので、独立関係となる。

　となります。戦略を練るうえで、今のポジショニングは大事なので、ここはちゃんと知るべきですよね。

　ね、いいですよね。分岐を明示すると、色々なことが見えてきます。つまり、思考が深くなっている証拠です。

5. フランスだけで考えればいいのか？それとも、フランスを含めた欧州で考えた戦略を練るべきなのか？

　日本と異なり、フランスの周りの国にも同じようにリアル店舗スーパーが展開されていたら、"ネットスーパー"のスケールも広がるし、戦略は当然異なる。この辺はしっかり知っておきたいよね。

　で、今回もこの分岐に決着をつけるために知りたいことを……

- フランスを囲む国々の"スーパー"や"ネットスーパー"の状況は、フランスと同じ状況なのか？
- 仮に同じ、または、他国のほうが魅力的だとして、拡大をすると決めた場合、"インドネシアの海外企業投資比率の制限"など、制約となる規則・法律はあるのか？
- そもそも、フランスのスーパーは欧州の国々に出店しているのか？
- または、他のスーパーチェーンと連携できる状態にあるのか？
  - ▷ 例えば、ベルギーのみでチェーン展開しているスーパーがあるとか、そういうプレイヤーが多ければ、連携しやすい。

　そして、最後はこちら。
　言われてみれば、確かに悩みそうな分岐です。

6. 株主からの期待値は「短期的＝2年」or「中長期的＝3〜5年」なのか？

　これは聞けばいい！というよりも、これは、今回の調べるものの1つになってしまうけど、今回の「仏スーパー」の財務状況は、絶好調なのか？それとも業績不振なのか？によって株主からの期待値は変わる。

　これも同じように「これがわかれば、この分岐の悩みが消える！」ってことは何だろうか？を考えます。

- 現状のこのスーパーチェーンの財務状況はどうなっているか？
- または、アマゾンの"アマゾンフレッシュ""アマゾンGO"など、他業種からの進出のスピード感は？

　といった感じかな。
　安泰なら、ゆっくり中長期でも問題なし。死にそうなら、短期となりますからね。

　という感じで丁寧に思考を深めていくことになります。

　では最後に、こんなことを"パッと"語れたら、最高だなぁと思ってもらえるような社長への回答の形を、話し言葉でまとめておきます。

▶ 回答まとめ

　フランスの大手スーパーマーケットがネットスーパー事業に進出しようとしている中で、知りたいことを挙げていきます。
　その時に、その進出において、戦略の分岐、"あっち"に行く

か、"こっち"に行くか?を洗い出し、その分岐を見極めるために知りたいことは何か?を考えていきます。

　まず、分岐は細かいものも含めて6つあります。

1. 仏スーパーはネットスーパー事業に参入すべきか?すべきでないか?
2. リアル店舗のスーパーと新しく作るネットスーパーの位置づけは?
  リアル店舗⇔ネットスーパーの関係は主従関係or 独立関係か?
3. 自分が知りうる「ネットスーパー」=ここでは日本と同じビジネス環境と考えていいのか? or フランスは独自のものと考えたほうがいいか?
4. 王者の戦略か? or 二番手／弱者の戦略か?
5. フランスだけで考えればいいのか?それとも、フランスを含めた欧州で考えた戦略を練るべきなのか?
6. 株主からの期待値は「短期=2年」or「中長期=3〜5年」なのか?

　この分岐を解決するために、何が知りたいか?を考えていきます。

　特に1つ目の分岐で知りたいことを説明します。

　まずは消費者行動について。
- フランス、特に、都市部の家庭の、朝・昼・晩ご飯の買い物はどのように行われているのか?

　それに関連して、
- そもそも、フランスでは、どのくらいのエリアにどのくらいのスーパーが存在しているのか?

- そのうえで、買い物における「不」＝不満、不便、不都合は発生しているのか？

次に、顧客について。
- ネットスーパーを近くの拠点からの配送を前提とした場合、このスーパーの利用客の年齢層はどのようになっているのか？

それに関連して、
- ネットスーパーは最終的には全年代での利用を目論むが、ファーストユーザーはネットに強く、かつ、スーパーに行けない＝独身ビジネスパーソンであるため、その層はどのくらいいるのか？

次は商品。
- また、このスーパーでの売れ行きは、ネットショップに適している商品が中心なのか？それとも、不得意な商品が中心なのか？これは考え方にもよるが、生鮮食品は多いのか？少ないのか？

あとは競合環境。
- この会社のネットスーパーの敵となりえる、他のネットスーパーや、少し異なるがアマゾン / アマゾンフレッシュの利用率はどのくらいなのか？

最後に自社。
- ネットスーパーに欠かせないインフラ基盤＝配送拠点、配送業者などは自社で賄えるのか、もしくは、日本でいう佐川急便のような連携できるパートナーは存在するのか？

といった感じのことは知りたい。結果的には3C＋αな項目で

整理できます。他も同じように、戦略の分岐にスタンスをとる
ための情報を得ていきます。

実にセクシーですよね。皆さんもこの「仏スーパーっぽく考えてみる
と」と調べものをするとき、事例調査や企業研究するときにこの思考パ
スを思い出せばいいのです。

「でも、ここまで長い流れは覚えられないよ」っていう方は、第2章
にそれを磨いたものを「戦略スウィッチ」として 整理してありますので、
まずはそちらを覚えてくださいませ。

では、今回はここまでにしましょう。
もう、7問目が終わりました。
僕が本書でやりたいこと、皆さんに起こしたい思考の変化もわかった
と思いますので、先に第2章第1節〜第7節の部分を読んでもらっても
構いません。
そうすると、より理解が深まり、暗記ができると思います。

ここまで読んでくださいまして、ありがとうございます。

「暗記する」戦略思考講義8
＝QBハウス

ここまで7つの題材で、意識的に「アタマを動かす」感覚に慣れていただきました。

では、さっそく、次の題材のご紹介からさせてください。

Q.　QBハウス。

駅近くで展開する1,000円カットの床屋さんから利益を増やしたいと相談を受けました。

そのミーティングで何を語りますか？

▶ ここでしばらく考えてみよう。

さて、きっと、お題を見るや否やこの本を閉じて、考え始めてくれたはずなので、グリグリ説明していきます。

まず、皆さんは何から考え始めましたか？

まずは、皆さんは何から「アタマを使いました」か？

すでに、「大学1年生の英語留学」などを読んでますので、もしかしたら、ピン！と来た方もいらっしゃるかもしれません。が、これですよね。

QBハウスの利益を増やすためには？

という問いを噛みしめることになります。

もちろん、この思考ですよね。

QBハウスの売上を増やすためには？
ではなく、
QBハウスの利益を増やすためには？

である！と捉えられていれば、最高にセクシーなアタマの使い方になってきています。

やはり、人はお題を渡されると、無我夢中でタスク、タスクと、作業に奔走してしまう生き物。そこでグッと歯を食いしばり、戦略スウィッチを入れて、踏みとどまれることが本当に大事です。

言われてみれば、そうなんですが、意外とできないので、これは大事にしてくださいね。

売上を増やすのではなく、利益！を増やしてください。

という論点＝お題です。

トップライン（＝売上）をただただ上げるのであれば、QBハウスのお客さんを増やす施策でいいが、利益だから、コストを下げる方向も考えてくれ！ということか。

と示唆を汲みとってくれていたら、最高となるわけです。

日常でもあるんですよね。意外と。

「彼氏を作りたいんだけど、どうしたらよい？」と、仲良しの男友達に相談したら、その瞬間、恰好をこうしたほうがいいとか、色々、語り始めたんだけど、よくよく話を聞くと、「男性にモテるためには？」につい

て語ってるやん。そうではない。というように、論点がズレてしまっていることが往々にしてある。

　この時に、一呼吸できれば、「いかに男性にモテるためにはではなく、彼氏を作るためには？」という相談だから、そのアドバイスという意味では……と仲良しの男友達も、論点にしっかりミートしたアドバイスができたはずですからね。

　そして、さらに、もう1点、論点を噛みしめるポイントがありますよね。

巷の散髪屋さんの利益を増やすためには？ではなく、QBハウスの利益を増やすためには？

これもめちゃくちゃ大事ですよね。
散髪屋さんとQBハウスの違いを噛みしめられるはず。

散髪屋さんは5千円VS QBハウスは千円
散髪屋さんは45分 VS QBハウスは10分
散髪屋さんは髭剃る VS QBハウスは髭剃らない
散髪屋さんは街中にある VS QBハウスは駅中・駅近

　散髪屋ではなく、そんな「QBハウス」が今回のクライアントだということ、を噛みしめるだけでも、思考が深まりますよね。

　今回の題材のようなことを会議の場でいきなり相談されたとしても、この題材を思い出し、発言するだけで思考を深めることができますよね。

今回のお題は「QBハウスの利益を増やすためには？」ということですので、大きく「トップラインを上げる」と「コストを下げる」という2つの方向が考えられます。通常であれば、コスト削減も視野に入れますが、業態的に「1,000円」で「10分」ということを考えるとコストは減らせていると思うので、「トップラインを上げる」を軸足に考えてみたいと思います。

　戦略思考は「答えのないゲーム」、いや、もはや「答えのなさすぎるゲーム」ですから、最終的な答えではなく、それまでのプロセス、思考パスが大事になってきます。

　ですので、この「売上ではなくて、利益」と論点を噛みしめたプロセスが大事。そのことで、「クライアントがわざわざ、利益って言葉を使ったということはコストサイドに悩みがあるの？」みたいな思考、発言につながってくるのです。

　必ずしも、その差分を検討すべきということではありません。

　今回の差分は「コスト」ですが、それを検討するか？はその都度、考えればいいのです。

売上を伸ばすか？コストを下げるか？

という思考の方向性の分岐が見えてきますし、

　さらに、売上アップは単価を上げるか？量（客数）を増やすか？と分解できますから、それを含めて、3つ、方向が見えてきますよね。

単価を上げるか？量を増やすか？
コストを下げるか？

　今回の場合はビジネスモデルが低価格、高効率オペレーションの雄！

ともいえる、QBハウスですから、「コスト」検討の優先度は３位！そうすると、

単価を上げるか？量を増やすか？

どちらを優先的に考えるべきか？になります。
皆さんはどちらを優先的に考えますか？

- 単価を上げる

は、スジが悪いというか、思考を深めるために、

単価は後回しにしましょう。

利益を底上げするには当然、「単価」を上げてしまうのが手っ取り早いのは事実です。しかしながら、一般論として、「単価」というか、プライシングはサイエンスかつアートの世界。

単価設定は本当に神の領域。
なので、安易に上げるとか言わないのが礼儀。

違う言い方をすれば、

世の中は美しいから、
今の単価を少し上げても、
「来る客数」は減りませんよ！的なことはない。
と思ったほうが思考を深められる。

あえて根拠を付け加えて説明すれば、さっきのコストと同様、

何せ、「1,000円カット」というのが、QBハウスのアイデンティティなので、変えてはならない。

そして、QBハウスにとっては、単価を上げるというのはビジネスモデルを変えると一緒の行為。ゆえに、この問題を見たときは、

QBハウスのアイデンティティを変えずに「トップライン」を上げてね！という依頼

と捉えるべきなのだ。

ということで、今回の検討のフォーカスは、コスト削減でも、単価アップでもなく、これですよね

量を増やすか？

となる。ここをこれから、さらに深掘りをしていくことになります。

ちょっと、余談になりますが、「単価を上げる」と同じ思考の罠があるので、ここで併せて、教えてしまおうと思います。

単価を上げる！と同様、「こういう安易な方策に走るなよ」というもので、僕はこう呼んでます。

三大御法度打ち手

「御法度」のニュアンスですが、これらを絶対に使ってはいけないということではなく、そこから考え始めると大事なところの思考が浅くなりますよ。という意味合いです。

「三大」ということですから３つあります。
では、１つずつ簡単に説明しますね。

　１つ目はこちらになります！

M&A !!!!!

　M&Aは立派な戦術なのですが、「売上を伸ばす」という論点を考える、戦略を練るという意味では、「思考停止」になりがちなので、御法度としています。

それから考えてしまうのは御法度よ

の意味でございます。
では、２つ目の御法度にいきましょう。

　次は、もちろん、

広告 !!!!!

になります。御法度なのはM&Aと同じ理由です。
　広告は素敵な戦術ではありますが、そこから考えてしまうのは御法度。思考が浅くなってしまいますからね。

　最後の３つ目はこちら。

新規事業 !!!!!

　M&A、広告に比べると考える余地が大きいものではありますが、

新規事業というのは、皆さんも聞いたことがあると思いますが、

「千三つ」

と言われるほどです。1000回に3回くらいしか成功しないという意味で、成功確率は非常に低いものなので、

「新規事業やりましょうよ。」

という安易な発言は無邪気すぎ、本気で新規事業を取り組んだことがある方に軽々しく言おうものなら、逆鱗に触れるほど、新規事業とは難しいもの。

ですので、そこから考えてしまうのは御法度ということになります。

以上が三大御法度打ち手となります。
大事なのは、「深く、そして、面白く」考えるために、自分として仕組みを作っておくのが大事になるということでもあります。

「思考パスを暗記し、それを使うようにする」
という仕組み
「単価アップに逃げない、
三大御法度打ち手に逃げないようにする」
という仕組み

というような仕組みを作ることが、大事ですよね。

では、本筋に戻り、このQBハウスの問題、それも「量」をいかに増やすかをどうやって考えるか？を解説していきます。

論点もあえて書き直せば、ここまでで、このように変化してきましたよね。

QBハウスの利益を増やすためには？
↓コストは劣後させて、売上にフォーカス
QBハウスの売上を増やすためには？
↓単価アップは安易だから、量に注力
QBハウスの利用者を増やすためには？

となりましたよね。

もちろん、最初にやるのは「大学1年生の英語留学」でもやった、リアルに考えること。

自分勝手に状況などを置く。今回でいえば、

このQBハウスの利用者がどんな人なのか？
を描いたうえで、
利用してくれそうな層は誰なのか？
を詳らかにしていく。

詳らかにする。読み方は「つまびらかにする」で「明らかにする」みたいな意味。

なんとなく、「明らかにする」よりセクシーなので使っています。

では、まずは、

このQBハウスの利用者がどんな人なのか？

を考えていきたいと思います。

美容院でもなく、散髪屋さんでもなく、「1,000円カット」のQBハウスを選ぶわけだから、

- 髪にお金をかけない。それはお金がないからというより、「モッタイナイ」から
- 髪は「さっぱり短く」できれば、それでOK
- 髪型も、いわゆる「角刈り」までは言わないけど、普通の髪型を望む

という感じがします。

ここからは「リアリティ」という名の「偏見」なので、ここは、皆さんの感覚に合わせて、アジャストしてください。僕的にはこの層が、QBハウスコアユーザーの匂いがします。

- 50歳以上の方、もしくは、年金で暮らしているシニア層
- 40歳代で、研究者や経理など「職人肌」の職種の方、事務職系会社員

こんなイメージで、リアリティを持ってユーザーを設定するのがおすすめです。

では、考えていくこととしましょう。

この時に、こういう人はきっとQBハウスに来ている、来てくれるという「近い人」から考えるのではなく、「遠い人」から＝使ってくれなさそうな人！から考えていくのが大吉。

そのほうが考えやすいですからね。遠い人のほうが「なぜ、（QBハウスを）使わないか？」が明確ですからね。「使うわけねーじゃん」と言えるくらい。

ということで、ランキング形式で説明していきます。

・ 5位　美容院に行く女性、特に若者

ここはもはや、"死んでも"「QBハウス」には来ないだろう。

この層に向けての「打ち手」を今回、回答してしまった方がいたら、反省してほしい。この回答だと「三大御法度打ち手」の1つ、「新規事業」にもなってしまうので、アウトなのだ。女性向けのQBハウス的なのを作りましょう！とかは、もう目も当てられん。

• 4位　美容院に行く男性、特に若者

ここも、ないだろう。

しかし、この層が年を取ったら、ユーザーになる可能性は若干あるかもしれない。

• 3位　美容院に行くシニア女性

このあたりから、QBハウスのユーザー層に設定するのは怪しそうなゾーン。1位と2位に比べると「お客さんになる可能性は低そう」くらいな感じで捉えています。

• 2位　子ども！子ども！子ども！

「QBハウス」の特徴／提供価値＝「髪を気にせず」というユーザーに「1,000円」という価格設定だから、もう、子どもにぴったり。僕的にはココかなと思っています。

でも、子どもが行っているイメージがそんなにない。そこに何か理由があるはずなので、深掘りして答えを作りたいところ。

• 1位　巷の「散髪屋さん」に行っているおじさん

QBハウスはこの層から、今までも「お客を奪ってきた」はず。ここから、根こそぎ、お客を取りたい。

でも、もし、根こそぎ取れていたら、「散髪屋さん」ってものがこの世から消えているはずなので、根こそぎ！取り切れていない理由があるのだろう。

という感じをイメージする。
以降で、それぞれの層が「なぜ、来ないのか？」を考えていけばよいのだ。

では、1位から、「なぜ、来ないのか？」を詳らかにし、打ち手を考えることにしましょう。

• 巷の「散髪屋さん」に行っているおじさん

が、なぜ、QBハウスではなく散髪屋さんで髪を切るのか？を考え、そこを切り崩せる施策はないか？を検討していくと、

- デジタルネイティブならぬ、「QBハウスネイティブ」ではないため、選択肢として、「散髪屋さん」しかなかったから。
  ▷ 「QBハウスネイティブ」＝生まれた時には、QBハウスがあった世代。
- あえて言えば、「髭を剃るのが気持ちいい」から。
- 「髪にそこまで拘りがない」とはいえ、「変になる」のは困るから、なんとなく、QBハウスはやめておこう。

といった感じだろうか。
そして、この層に対する最大のチャレンジは、

いかに、一度、試しにQBハウス！を使ってもらえるか？である。

ここまで考えて、答えを作るとこうなります。

まず、QBハウスのトップラインを上げるために、ターゲットとすべきは「巷の散髪屋さんに行っているおじさん」。

　そもそも、散髪屋さんからお客さんを奪ってきたのがQBハウス。

　でも、まだまだ散髪屋さんを見かけることからすると、根こそぎは取れていない。

　理由は「そもそも、QBハウスを知らないし、小さい頃にはなかったので心理的な距離感がある」という方が多いだろう。なので、どうにかこうにか、一回使ってもらうことができれば、それ以降、価格的にも、時間的にも、カットの質的にもフィットする可能性はある。それができれば継続してくれる可能性も高い。

　施策としては、例えば、初回タダ！というキャンペーンの実施である。

　論点は「いかに、一度、試しにQBハウスを使ってもらえるか？」であるわけだから、それにフォーカスした打ち手が効く。

　それでもQBハウスにメンタルバリアがあるとすれば、「QBハウスのカット技術を信頼していない」という人もいるだろう。その懸念を払拭するために、カットする理容師のキャリアがわかるようにPOPを貼っておくのがいいかもしれない。

　「巷の散髪屋さんで切っていた人がやっているのね」と理解してもらえればよい。

　QBハウスに来ていないお客さんには「散髪屋ならではの髭剃りが最高」という人も少なからずいるかもしれない。この施策の導入はダイレクトには難しいので、「散髪屋さんで髭剃りをすると2,000円分上乗せされてますよ」と訴えるのがいいかもしれない。

　それによって「それなら、自分でやるわ！」とか、「毎回2,000

次にターゲットにすべきは「子ども」である。

が、なぜ、子どもが散髪屋さんで髪を切るのか？を考え、そこを切り崩せる方法がないか？を検討していくと、

- 何歳までか？は置いといて、子どもの髪は「お母さん」がカットしている。
- そこから、散髪屋さんまたは美容院に親が付き添って、カットしてもらう。
- そして最終的には、色気づき、美容院で切るようになる。

といった感じだろう。

そして、この層に対する最大のチャレンジも、

いかに、一度、試しにQBハウス！を使ってもらえるか？

である。

「安かろう、悪かろう」の部分はあるかもしれないが、「どうせ気にしない」層からすると「切れればよい」わけだし、子どもならなおさらだ。

答えを作るとこうなります。

次にターゲットになるのは「子ども」である。

カットのクオリティを気にせず、お金もかけたくない層といったら、子どもである。

特に、男子であれば、色気づく中学1年生くらいまで。女子

は小学３年生くらいには色気づくので、男子よりはターゲットにできる期間は短い。

　そもそも、子ども自らが意思決定するわけではないから、「お母さん」に訴求する。

　お母さんがカットするとゼロ円で、QBハウスだと1,000円だから、価格的メリットは響きにくそう。

　なので、「お父さんとお子さんで一緒に来ませんか？」と謳うのはどうだろうか。巷の散髪屋さんに行っているお父さんであれば、3,000〜5,000円が1,000円になるわけだから、子どもの散髪代を入れてもトータルとして節約になる。この訴求方法だが、「お母さん」が価格に敏感になっているスーパーなどでチラシを配るのがいいかもしれない。

　さて、あとの３位〜５位となるわけだが、当然、こういう思考パスを通ってほしい。

３位〜５位の「美容院に行く」人たち。

　彼ら・彼女らにQBハウスに来てもらうのは無理ということをちゃんと伝える。

　戦略とは何か？その１つは、

「捨てること」

なのです。なので、彼ら・彼女らはターゲットにしない。
ということをちゃんと伝えることも大事。

　ここまで、売上を伸ばす方向性を検討してきました。

最後に、優先度を下げたコストについて、少し思考を回してみたいと思います。

　コスト削減を考えるのは「フェルミ推定」に似ている。
　フェルミ推定は「現実の投影」なので、「リアリティ」を持って、QBハウスの店舗運営にかかっているコストを分解してみる。そのうえで、「無駄」がありそうな部分を特定していくとよい。
　では、QBハウスを思い浮かべながら、出していきます。

① 立地が決め手な事業だけに、まずは「賃料」
② 当然、かかるのは、「人件費」というか「理容師の給料」
③ 髪を切るために必要なハサミなどの「理髪道具」

　……と10個くらい思いつきたかったんだけど、あまりになかった。確か、QBハウスはシャンプーをしなかったように思えるので、ハサミ＋切った髪を掃除するための吸引機みたいのしか、かからん。
　とすると、利益を上げるためのコスト削減でできることは、暇な時間帯の空いたスペースと人員のフル活用くらいですね。そこを打ち手につなげるとしましょう。

　という感じで解いていくことになります。
　では、一応、回答の形にします。

　ここまでは、社長の悩みに直結する「トップライン」に拘ってきましたが、最後に、「利益」を上げるために「コスト削減」に視点を移す。
　QBハウスが抱えるコストを考えてみると、立地が決め手な事業だけに、まずは「賃料」、あと当然かかるのは、「人件費」というか「理容師の給料」、髪を切るために必要なハサミなど

の「理髪道具」が大きいコスト。とすると、コスト削減の方向はスジが悪そう。

　とすれば、無駄を生んでしまっている、暇な時間帯の空いたスペースと人員のフル活用くらいしかない。

　美容師を目指す学生に練習スペースとして貸し出すのはできなくもないし、マッサージ屋さんに貸すのもあるかもしれないが、やはり、コスト削減はスジが悪いですね。

という感じとなります。

　このように、今回は自分のコア顧客との「距離」で順序立てて考えていきました。

　最後に、まとめた回答を読んでください。

▶ 回答まとめ

　今回のお題は「QBハウスの利益を増やすためには？」ということですので、大きく「トップラインを上げる」と「コストを下げる」という２つの方向が考えられます。通常であれば、コスト削減も視野に入れますが、業態的に「1,000円」で「10分」ということを考えるとコストは減らせていると思うので、「トップラインを上げる」を軸足に考えてみます。

　まず、QBハウスのトップラインを上げるために、ターゲットとすべきは「巷の散髪屋さんに行っているおじさん」。

　そもそも、散髪屋さんからお客さんを奪ってきたのがQBハウス。

　でも、まだまだ散髪屋さんを見かけることからすると、根こそぎは取れていない。

　理由は「そもそも、QBハウスを知らないし、小さい頃にはな

かったので心理的な距離感がある」という方が多いだろう。なので、どうにかこうにか、一回使ってもらうことができれば、それ以降、価格的にも、時間的にも、カットの質的にもフィットする可能性がある。それができれば継続してくれる可能性も高い。

　施策としては、例えば、初回タダ！というキャンペーンの実施である。

　論点は「いかに、一度、試しにQBハウス！を使ってもらえるか？」であるわけだから、それにフォーカスした打ち手が効く。

　それでもQBハウスにメンタルバリアがあるとすれば、「QBハウスのカットを信頼していない」という人もいるだろう。

　その懸念を払拭するために、カットする理容師のキャリアがわかるようにPOPを貼っておくのがいいかもしれない。「巷の散髪屋さんで切っていた人がやっているのね」と理解してもらえればよい。

　もう1つあり得そうなのは、「散髪屋ならではの髭剃りが最高」という人も少なからずいるかもしれない。この施策の導入はダイレクトには難しいので、「散髪屋さんで髭剃りをすると2,000円分上乗せされてますよ」と訴えるのがいいかもしれない。

　それによって、「それなら、自分でやるわ！」とか、「毎回2,000円かかっているなら、途轍もなくいい髭剃りを買って自分でやればいいか」となれば、こっちのもんである。

　次にターゲットになるのは「子ども」である。

　カットのクオリティを気にせず、お金もかけたくない層といったら、子どもである。

　特に、男子であれば、色気づく中学1年生くらいまで。女子

は小学3年生くらいには色気づくので、男子よりはターゲットにできる期間は短い。

　そもそも、子ども自らが意思決定するわけではないから、「お母さん」に訴求する。

　お母さんがカットするとゼロ円で、QBハウスだと1,000円だから、価格的メリットは響きにくそう。

　なので、「お父さんとお子さんで一緒に来ませんか？」と謳うのはどうだろうか。巷の散髪屋に行っているお父さんであれば、3,000〜5,000円が1,000円になるわけだから、子どもの散髪代を入れてもトータルとして節約になる。この訴求方法だが、「お母さん」が価格に敏感になっているスーパーなどでチラシを配るのがいいかもしれない。

　最後に残るのは「美容院に行く」人たち。

　彼ら・彼女らは「まさに、髪が命」。なので、どう転んでも来ない。

　新規事業として、女性向けのQBハウスを作るとか、1,000円ではなく5,000円のサービスを提供する、というアイデアもあるかもしれないが、スジが悪い。

　なので、ここは外して、前述の2つのターゲットにフォーカスする。

　ここまでは、社長の悩みに直結する「トップライン」に拘ってきましたが、最後に、「利益」を上げるために「コスト削減」に視点を移す。

　QBハウスが抱えるコストを考えてみると、立地が決め手な事業だけに、まずは「賃料」、あと当然かかるのは、「人件費」というか「理容師の給料」、髪を切るために必要なハサミなどの「理髪道具」が大きいコスト。とすると、コスト削減の方向はスジが悪そう。

とすれば、無駄を生んでしまっている、暇な時間帯の空いた
スペースと人員のフル活用という方法くらいしかない。美容師
を目指す学生に練習スペースとして貸し出す、もしくはマッサ
ージ屋さんに貸すなどだろうか。
　でも、考えてみても、コスト削減はスジが悪いですね。

という感じです。
　今、改めて読んでみると、思考パスが見えてきますよね。
　色々な思考の技を使いましたが、どの部分をハイライトして、暗記す
るか？戦略スウィッチ化するか？は、第2章で整理しますので、今は意
識しなくてOKです。

　では、この題材で話したい内容は以上となります。
　一度、休憩しましょう！

「暗記する」戦略思考講義9
＝定員割れ大学問題

だいぶ武器が増えてきています。でも、まだ、「武器化」してないので、アタマの中がいろんなことで溢れかえっているかと思います。

でも、それで問題ありません。思考パス、戦略スウィッチは、いくらでも後で身に付けることは可能です。

第1章をお読みいただくなかでなにより大事なのは、

「今まで」の思考は浅かったけど、
なんか、それを突破できる思考の技術に
ピン！と来ること。

ですので、細かい部分はいったん忘れてもOKです。

では、今回も思考パス＝こんな流れで考えるのね、を体感していただければと思います。

題材はこちらでございます。

> Q. 最近、私立大学は少子化の影響で経営が厳しい。ほどほどに知名度のある都内の大学。この定員割れの大学が中長期でどうすれば、経営状態がよくなると思うか？と相談を受けた。

ぜひとも、思考の飽和の先に行く挑戦をしてみてくださいませ。

▶ ここでしばらく考えてみよう。

皆さん、もうなんとなくおわかりかと思いますが、大事なことですので何度でも聞きますし、繰り返します。

まず、皆さんは何から考え始めましたか？

今回も「問い」は何か？を嚙みしめる思考をしていくことになりますよね。

もちろん、これですよね。

「定員割れの大学が中長期でどうすれば、経営状態がよくなると思うか？」

という問題を見た時に、

「人気の大学」ではなく、「定員割れの大学」
「短期」ではなく、「中長期」
「売上を伸ばす」ではなく、
「経営状態をよくする」

これがフチドリ思考というものです。
第2章でも語りますが、僕らが今後、愛すべき「フチドリ思考」を説明しますね。
題材、論点をもらったときに、ただただ「読む、アタマに入れる」のではなく、「○○ではなくて、□□」と、今回のお題は「わざわざ」○○

じゃなくて、□□となっているんだと、問いを噛みしめること、これを「フチドリ思考」といいます。

それぞれの示唆を取りながら、「論点を噛みしめる」ところから始めていたら、もう勝ちでございます。

もうお気づきかと思いますが、大事すぎる「戦略スウィッチ」は繰り返し出てきます。それが本当に

記憶の定着に効くんです。

では、リアリティも高めていきますよ。

・「人気の大学」ではなく、「定員割れの大学」

大学名をなんとなく想像して読んでください。

すごい人気で、就職力ランキングでも上位に入る大学、合コンで「すごいですね」と言われる大学というよりは、「第一志望はダメだったので来ました！」という大学を僕は想像しました。

いわば、滑り止め大学って感じですよね。

では、もう1つの

・「短期」ではなく、「中長期」

「短期」だったら、すぐに効果が出る打ち手が最優先なので、もし、利益を上げるのであれば、真っ先に「コスト削減」となる。

ですが、今回の問題は「中長期」なので、じっくり、本質的な課題に取り組み、3年～5年で結果を出すことを求められている。

言われてみれば、「だよな」なんですけど、「これらを考えなければならない」と自分で気づくのは難しいので、この思考パスを覚えてみてください。

では、最後です。

• 「売上を伸ばす」ではなく、「経営状態をよくする」

「売上を伸ばす」であれば、まさに、学生数を増やす！という感じで捉えることになる。

今回は「経営状態をよくする」なので、赤字を黒字にする、イメージのはず。
また、「中長期」となっているので、コスト削減だけでなく、「トップライン＝学生数を増やす」が軸足でよさそうだと思考を深める準備ができますよね。
これをグホ――と感じてくれていたら、もう、最高です。
「売上を伸ばす」であれば、

- まさに、学生数を増やす！という感じで捉えることになる。
- QBハウスの問題でも解説しましたが「単価」をいじるのはあんまり、よくない。

で、今回は「経営状態をよくする」なので、

- 赤字を黒字にする、イメージだと思う。
- 今回でいえば、「中長期」となっているので、コスト削減だけでなく、「トップライン＝学生数を増やす」が軸足でよい感じがします。

という感じで考えることで、深く考えるための、

思考環境が整う。

では、さらに、深く考えていきたいと思います。
　今回は定員割れの大学がテーマですから、大学だけでなく、「大学を選ぶ生徒（高校生）」について丁寧に考える必要がありますよね。

　つまり、フォーカスすべきなのは、

生徒の意思決定プロセス

です。では、皆さんも考えてみましょう。

大学受験をする生徒の意思決定プロセス

大学受験をする生徒はどのように
受験する大学を決めているのか？

をミリミリと深めていけばいいわけです。

　何が論点になるのか？を考えると、今回のターゲットは

高校生

ということもあり、自分自身だけで受験校を決めることは少ない。
とすれば、論点はこうなりますよね。

　今回考えるうえで重要なのは、受験校を決めるプロセスというよりは、

誰の影響を受けるのか？

となりますよね。

- ## 通っている「塾」の先生がお勧めする
- ## 「お母さん」がお勧めする
  ## （というか、口を出してくる）

が「二大影響を与える人」ではなかろうか。学校の先生も入るかもしれないが、「ここの大学に行け！」とアドバイスを受けた記憶があまりないため、今回は割愛しました。

なので、意思決定に影響を与えうるこの2人の登場人物をつぶさに見ていきます。

まずは、塾の先生。

塾の先生は何と言うのか？

- まず、生徒の偏差値！を基準に＋5（〜10）くらいの大学を「第一志望」「第二志望」に決めさせる。
  - その前に理系・文系みたいな議論もあるかもしれないが、高校3年生だろうから、それはGIVEN＝ほとんど決まっているという印象。
  - 第一志望、第二志望と付けたが、偏差値的には誤差で、先生からの印象は、「どちらも合格まで遠い！」
- そのうえで、「第三志望」という名の滑り止め大学をアドバイスする
  - その時に「何を基準に」滑り止め大学をアドバイスするだろうか？それが今回のキーになってくる。
  - 何をもって第三志望を決めるか？には熱い思いとかはない。だっ

て、第一志望、第二志望に比べると生徒自身も興味もない。そうなると、自然と自分で決めるというより、塾の先生の言う通りにしそうである。

で、話を戻すと、その塾の先生は何を基準に第三志望の大学を選ぶかといえば……

当然……「試験問題の類似性」で選ぶ。

受験生は傾向として、夢見がちなので、「第一志望」に向けて対策をする。早稲田大学を受験するのであれば、テストの傾向に合わせて「マニアックな歴史を頑張ろう！」的な発想になる。

このように、試験科目が同じであることはもちろん、問題の「質」が似ている大学の受験を塾の先生はアドバイスする。

あともう１つは……

「試験日程」

で選ぶことになる。当たり前だが、テスト慣れをするためにも「第一志望」「第二志望」の試験日程よりも早くないとダメだし、可能であれば、合格発表もそれより前にされるほうが望ましい。

さて、塾の先生の次は、

お母さんは何と言うか？

- お母さんはどんなことを考えているだろうか？「定員割れ」してしまう大学が選択肢に入るわけだから、「自分で考えなさい」「勉強しろ！なんて、言ったことはない」的なお母さんではなく、どちらか

と言えば、「大学に行けるのだろうか？うちの息子は」的なお母さんであろう。

- 第一志望や第二志望は、どんなにお母さんが「そんなとこ受かるわけないでしょ！」と思っていても、受けさせるはずである。だって、そこでやる気を無駄にそぐ必要はないからだ。とすると、「第三志望」あたりで、お母さんなりの親心を出してくるはずである。
- とすると、お母さんは何を基準に大学を選び、子どもにアドバイスするだろうか？

１つは「必ず受かる偏差値」。

もう１つあるのだが、わかるだろうか？息子が大学に受かるかどうか心配なわけだからこれも気になるはずだ。

「卒業できるか？＝卒業の難易度」

である。非常に大事な視点ですよね。

という感じで、モノゴトを深めていく。
面白いし、スキルとして再現性がありますよね。

では、最後に感じをつかんでもらうために、今回も僕の回答をまとめておきます。

▶ 回答まとめ

　この「定員割れの大学が中長期でどうすれば、経営状態がよくなると思うか？」を少し噛みしめてみると、イメージでは〇〇大学よりもさらに人気のない大学、例えば、□□大学あたりを想定してみました（この〇〇、□□はそれっぽい大学名を各自入れて考えてください。実際の回答では大学名をリアルに語るべきです）。

　加えて、「短期」ではなく、「中長期」。

なので、短期的にコスト削減し「倒産を免れる」的な発想ではなく、素直に、トップライン、特に学生数をいかに増やし、定員を満たすか？を論点にするべきかなと考えます。

　まず、入学する学生を増やすために、一番大切なのは「受験生」をシコタマ増やすこと。受験をする人のなかで、大学に落ちたので、浪人する！という人はいても、「じゃあ、進学するのやめます」という人は少ないはず。なので、これだけが論点になる。

　もう少し言えば、「定員割れの大学」であるので、「第一志望」「第二志望」になるというよりは、いかに「第三志望」、滑り止めの大学として、受けてもらうか？となる。

　「第三志望」を決めるうえで影響を与える要素は2つある。

　1つは「塾の先生」の助言、もう1つは「お母さん」からのアドバイスだと思う。

　それぞれ、紐解きながら、打ち手を考えていきたいと思う。

　1つ目の塾の先生は「『試験科目の類似性』から滑り止めを選べ」と助言すると思う。文系であれば、英語、国語、社会。大学が違うと、試験科目が一緒であっても、問題の傾向と対策は異なる。

　自分の経験でいえば、例えば早稲田大学の歴史は「重箱の隅をつつく問題」、一方で国立大学は「ストーリー・背景を重視した問題」というように傾向が異なる。なので、受験勉強を効率的に行うために、同じ傾向の問題が出る大学を滑り止めに推すはず。あとは「試験日」を考慮に入れて、最終的にはアドバイスする大学を決めるはず。ここまでを踏まえて、打ち手として、まず大事なのは「滑り止め大学」であることを認識し、「どこの滑り止め」になるかを決めること。そのうえで、試験の問題傾向を似せる。

　問題傾向を思いっきり似せることで、塾界隈、受験界隈で「あそこ受けるなら、あそこで練習したらいいよ」という風潮が生

まれるようにする。

2つ目のお母さんのアドバイスは「卒業の難易度」を重視するはず。

そもそも、定員割れ大学が視野に入るということは「いい大学に行ってくれ！」という期待は薄く、むしろ、「どこでもいいから大学に行ってほしい」、そして、「行ったからには、ちゃんと卒業してほしい」と思うのが親心のはず。

なので、卒業の難易度について言及するのがよいだろう。

具体的には、「楽に単位を取れます！」というアピールは教育の本分から外れてしまうため、高校生の追試のように、「単位を落としたら、本学校では夏休み、冬休みの補講に出席すれば単位をカバーできます！」などの制度を導入すればよいのだ。

いやぁ、実に思考がパンパンパンと深くなっていく様が見えますよね。そして、違う観点で整理すると、こうも言えます。

論点が絞られていった。

これが「考える力」であり、「論点思考」でもある。どう論点が絞られていったか？を再度、書いてみるとこんな感じです。

そもそもは
定員割れの大学が中長期でどうすれば、
経営状態がよくなると思うか？が、

定員割れの大学の学生を増やすためにはどうしたらいいか？ に絞られ、さらに、

定員割れの大学の受験者数を増やすためにはどうしたらいいか？ に絞られ、さらには、

定員割れの大学が「滑り止め」に推奨されるためには？

にまで絞られた。
　この一連のプロセスが、論点の絞り込みであり、「アタマの使い方」である。

　以上。ここでこの章は終わりにしたほうがいいよ！と編集者金山さんに言われておりますが、まぁ、ページが増える分には誰も損はないってことで、実ビジネス、コンサルではここでは終わらないので、書き切らせてもらいます。
　題材として、一応、「コスト施策」も考えていかないとだめですよね。

　一応、論点はあくまで、定員割れの大学が中長期でどうすれば、経営状態がよくなると思うか？
　なので、コスト施策も考えてみたいと思う。

コスト施策を考えるときは、コストを分解してみること！こそが、価値＝アタマのよさのアピールとなる。

　それをやってみたいと思う。

　皆さんも、今回のお題の大学運営にかかる大きなコストを思いつく限り、挙げてみましょう。

- 教授たちの人件費
- 職員の人件費

　う……あと大きなコストは何がかかっているんだろう。

- 大学が補填しているとしたら、「学食」運営費
- 日々の大学講義の「紙代」「印刷費」

　くらいか。本当に、知らないだけかもだけど、コスト項目少ないね。とすると、思い浮かぶのは教授の人数を減らすってのも手だけど、あり得そうなのは、「職員の人件費」を減らすのはいいかもしれない。

　先ほど作った答えの最後にこれを付け加えることにして、答えとしておこう。

▶ 回答まとめ

　では、最後に、「経営状態をよくする」という論点なので、スジがいいとは思えないが、コスト施策も考えてみたいと思います。

　「教授たちの人件費」「職員の人件費」が大所で、他は、あまり思い浮かばず、あえて言えば、大学が補填しているとしたら、「学食」運営費、日々の大学講義の「紙代」「印刷費」くらいだろうか。とすれば、「職員の人件費」を減らすことを考えるのがよさそうだ。

なぜなら、イメージだけど、大学職員は「社会に出ないまま」そのまま大学職員になるケースが多い。今では少しずつ、金沢大学のように、リクルートでマネージャーまでいった人が大学職員となり、大学改善をしている場合もあるが、ほとんどが学生→大学職員ダイレクト。なので「生産性が高い」働き方をしているとは思えない。

　したがって、例えば、職員を3分の2にして、外部から2～3人、熱き・優秀なビジネスパーソンを入れるのがいいと思う。その結果、トータルで人件費が下がる。

　ので、利益に少しは貢献するはず。

では、最後にまとめておきます。

▶ 回答まとめ

　この「定員割れの大学が中長期でどうすれば、経営状態がよくなると思うか？」を少し噛みしめてみると、イメージでは○○大学よりもさらに人気のない大学、例えば、□□大学あたりを想定してみました（ここも、実際に回答する際は、大学名を自分で思考を回して、入れてみてください）。

　加えて、「短期」ではなく、「中長期」。

　なので、短期的にコスト削減し「倒産を免れる」的な発想ではなく、素直に、トップライン、特に学生数をいかに増やし、定員を満たすか？を論点にするべきかなと考えます。

　まず、入学する学生を増やすために、一番大切なのは「受験生」をシコタマ増やすこと。受験をする人のなかで、大学に落ちたので、浪人する！という人はいても、「じゃあ、進学するのやめます」という人は少ないはず。なので、これだけが論点になる。

　もう少し言えば、「定員割れの大学」であるので、「第一志望」

「第二志望」になるというよりは、いかに「第三志望」、滑り止めの大学として、受けてもらうか？となる。

「第三志望」を決めるうえで影響を与える要素は2つある。

1つは「塾の先生」の助言、もう1つは「お母さん」からのアドバイスだと思う。

それぞれ、紐解きながら、打ち手を考えていきたいと思う。

1つ目の塾の先生は「『試験科目の類似性』から滑り止めを選べ」と助言すると思う。文系であれば、英語、国語、社会。大学が違うと、試験科目が一緒であっても、問題の傾向と対策は異なる。

自分の経験でいえば、例えば早稲田大学の歴史は「重箱の隅をつつく問題」、一方で国立大学は「ストーリー・背景を重視した問題」というように傾向が異なる。なので、受験勉強を効率的に行うために、同じ傾向の問題が出る大学を滑り止めに推すはず。あとは「試験日」を考慮に入れて、最終的にはアドバイスする大学を決めるはず。ここまでを踏まえて、打ち手として、まず大事なのは「滑り止め大学」であることを認識し、「どこの滑り止め」になるかを決めること。そのうえで、試験の問題傾向を似せる。

問題傾向を思いっきり似せることで、塾界隈、受験界隈で「あそこ受けるなら、あそこで練習したらいいよ」という風潮が生まれるようにする。

2つ目のお母さんのアドバイスは「卒業の難易度」を重視するはず。

そもそも、定員割れ大学が視野に入るということは「いい大学に行ってくれ！」という期待は薄く、むしろ、「どこでもいいから大学に行ってほしい」、そして、「行ったからには、ちゃんと卒業してほしい」と思うのが親心のはず。

なので、卒業の難易度について言及するのがよいだろう。

具体的には、「楽に単位を取れます！」というアピールは教育の本分から外れてしまうため、高校生の追試のように、「単位を落としたら、本学校では夏休み、冬休みの補講に出席すれば単位をカバーできます！」などの制度を導入すればよいのだ。

　では、最後に、「経営状態をよくする」という論点なので、スジがいいとは思えないが、コスト施策も考えてみたいと思います。
　「教授たちの人件費」「職員の人件費」が大所で、他は、あまり思い浮かばず、あえて言えば、大学が補填しているとしたら、「学食」運営費、日々の大学講義の「紙代」「印刷費」くらいだろうか。とすれば、「職員の人件費」を減らすことを考えるのがよさそうだ。なぜなら、イメージだけど、大学職員は「社会に出ないまま」そのまま大学職員になるケースが多い。今では少しずつ、金沢大学のように、リクルートでマネージャーまでいった人が大学職員となり、大学改善をしている場合もあるが、ほとんどが学生→大学職員ダイレクト。なので、「生産性が高い」働き方をしているとは思えない。
　したがって、例えば、職員を３分の２にして、外部から２〜３人、熱き・優秀なビジネスパーソンを入れるのがいいと思う。その結果、トータルで人件費が下がる。
　ので、利益に少しは貢献するはず。

という感じとなります。

　やっぱり、思考を深めるというのは、丁寧に考えることでもありますよね。

　では、今回はこのくらいにしておきましょう。

さて、次は10講義目となりますが、少し題材が変わります。
でも、これまで「タカマツボン」を読んでくださった方には楽勝かもし
れません。

「暗記する」戦略思考講義10
＝フェルミ推定

　ここまで思考パス＝どういう感じの流れで考えるか？というのを体感していただきました。その思考パスの中で、思考環境を整える切り口や、思考を深める技術をちりばめさせていただきました。

　今の時点では「なんとなく」戦略思考ってこんな感じか、と思っていただければOKでございます。

　今回は、

戦略思考の中でも大きく2つあるのだよ！

というのを捉えていただければと思っております。

今回のお題はこちら。

> Q. 業界第2位のパーソナルジムチェーンの売上を
> 伸ばすためにはどうしたらよいか？
> を考えてください。

▶ ここでしばらく考えてみよう。

まず、皆さんは何から考え始めましたか？

まさに、講義9までに解いてきたお題と同じ路線ですよね。

ですので、「大学1年生の英語留学」「カインズ」「車の教習所」などと同じように、

- 自分勝手に状況などを置いてみる
- 誰が敵なのか？を考え、消費者がお金を使うまでの分岐を捉える
- ホームという勝ちゲームと、アウェイという負けゲームを地理的に押える

などを使って解くこともできます。

それが王道の「戦略思考」

それともう1つ、違う「戦略思考」の思考パスがあります。

コンサルのケース面接用と誤解されている、しかし、本当は「戦略思考」の思考パスであるのが、

フェルミ推定の技術

なんですよ。

ということで、まずは、「フェルミ推定の技術」をベースにした解き方を説明してしまいます。

先に申しておきますと、フェルミ推定もまた、王道の「戦略思考」と同じくらい奥深いものなのですが、本書では

王道の「戦略思考」の位置づけや、
思考パスを浮き彫りにするための当て馬

ですので、「フェルミ推定の技術」については、僕の別の書籍である『ロジカルシンキングを超える戦略思考　フェルミ推定の技術』『「フェル

ミ推定から始まる」問題解決の技術』（共にソシム）を読んでください。

　ではいきます。

> **Q.** 業界第2位のパーソナルジムチェーンの売上を
> 伸ばすためにはどうしたらよいか？
> を考えてください。

　この問題を見たときに、何も考えずというわけではないのですが、

とりあえず、因数分解してみよう。

　というのが、フェルミ推定を起点とした考え方のスタートであり、最
大の特徴です。

　では、「業界第2位のパーソナルジムチェーンの売上」を因数分解して
みましょう。

> 業界第2位のパーソナルジムチェーンの売上
> ＝［チェーン店の数］×［1店舗の売上］

　と、まずはなりますよね。
　「売上」の議論がしやすくなることを念頭に置きつつ、因数分解をさら
に行います。

業界第2位のパーソナルジムチェーンの売上
= ［チェーン店の数］× ［1店舗の売上］
= ［チェーン店の数］× ［トレーナーの数］× ［1日のレッスンコマ数］×［"埋まり率"］× ［1回のレッスン単価］×［営業日数］

となりますよね。そして、

今回の目的は、「売上を推定する」わけではありませんから、ここから、

業界第2位のパーソナルジムチェーンの売上を伸ばすためにはどうしたらよいか？

を考えることになります。

ここで、講義9までで学んでいただいたように、

打ち手バカにならないように、まずは「課題」を考えることに専念する。その後で打ち手を考えていけばよいことになります。

今回は「王道の戦略思考」ではなく、あくまで、「フェルミ推定の技術」を用いることが大前提ですので、こうなります。

因数毎に
「それの値が期待まで到達していない原因」と
その打ち手を順次、考えていく。

1つずつ、因数毎に考えていけばいいのです。

因数に数字を振って、読みやすくします。

> 業界第2位のパーソナルジムチェーンの売上
> ＝［①チェーン店の数］×［②トレーナーの数］×［③1日の
> 　レッスンコマ数］×［④"埋まり率"］×［⑤1回のレッスン
> 　単価］×［⑥営業日数］

ただ、因数①〜⑥を全部見ていく必要はありませんよね。
よくよく見ると、常識の範囲内では、

どうにもならない因数というものが存在します。

少しカッコつけて言うと、スコープアウトしていい因数がありますよね。今回の①〜⑥でいえば、どれが該当しますか？

当たり前ですが、まず、⑥の営業日数ですよね。
営業日数はコントロールしづらいですよね。
基本、年末年始以外はいつでも営業しており、トレーナーさんの勤務日、休日をうまく調整している感じですよね。仮に週6日営業だったとすると、それ以上に営業日を増やしてもたかが知れてますし、「働かせすぎで、トレーナーが辞めてしまった」などの違う問題が発生しそうですからね。

あと、もう1つスコープアウトしていい因数がありますよね。
③1日のレッスンコマ数ですよね。トレーナーが1日でできる最大のレッスン数は、9時〜23時までパツパツでやったとしても、最大14コマですからね。

この２つの因数はスコープアウトして、検討しなくていいですよね。

ここで、フェルミ推定に限った話ではありませんが、「深く」考えるために必要な前捌きがあります。これまでやってきた「思考環境」を整えるのはもちろん、フチドリ思考したり、リアリティ・スウィッチ（＝あとでじっくり説明しますが、今は、「自分勝手に、状況などを具体的に置くこと」と理解してください）を入れたりすることも大事です。

それと同じくらい大事なのが、

「論点を狭くする」努力と勇気とスキル。

常に、何事もトレードオフといいますか、二項対立が存在しています。思考でもそう。

「広く、浅く」考える VS 「狭く、深く」考える

という二項対立なわけですから、「深く」考えるには、狭くするのは大事になってきますよね。

今回の問題であれば、

業界第２位のパーソナルジムチェーンの売上
＝［①チェーン店の数］×［②トレーナーの数］×［③１日の
　レッスンコマ数］×［④"埋まり率"］×［⑤１回のレッスン
　単価］×［⑥営業日数］

因数６つについてそれぞれ、考えることもできなくはないのですが、２つ減らすと時間も節約されますし、なにより、「精神的に」いいんですよね。思考を深めるために、まず、「何を考えるか？」を絞るという行為が。

例えばですよ、「英単語を極めてください」と言われても「できる・できない」の前に、範囲が広すぎて、挑戦する気持ちさえ出てきませんからね。

なので、ここで覚えておいてください。

「論点を狭くする」のも思考環境の１つ

では、残りの４つの因数を中心に、目の前にいるクライアントに語っているような回答を記載しておきます。

▶ 回答まとめ

業界第２位のパーソナルジムチェーンの売上を伸ばすためにはどうしたらよいか？を考えるために、まずは、売上を因数分解して、議論の塊を作るとともに、議論が漏れないようにしていきたいと思います。

因数分解のいいところは、MECEが自然とついてくるところですからね。

では、まず、ビジネスモデルを気にしながら、課題の議論がしやすいような因数分解をしていきたいと思います。

業界第２位のパーソナルジムチェーンの売上
＝①チェーン店の数×②トレーナーの数×③１日のレッスンコマ数×④"埋まり率"×⑤１回のレッスン単価×⑥営業日数

となりますよね。ちなみに単なるジムであれば、キャパシティをベースに延べ人数を出し、延べ人数を平均利用回数で割ることで会員数を出していくやり方もありますが、パーソナルジムはジム器具や立地はもちろん、やはり、やってくださるトレ

ーナーさん次第というビジネスモデルですので、この因数分解にさせてもらってます。

　で、6つの因数を1つずつ、「それがなぜ悪いのか？」という課題の議論を四六時中したのちに、打ち手の議論をさせていただくことになろうかと思います。

　その前に、より深く議論するために論点を絞ります。お示しした6つの因数のうち、③と⑥は、我々としてやる余地が少ないと思いますので、残りの4つを中心に議論させていただければと思っております。

　では、1つひとつ見ていきたいと思います。
　最初は、①チェーン店の数でございます。
　これは短期的には難しいですが、長期的にはなんとかし得る問題ですよね。
　まず、業界第2位であることから推測するに、自分が得意なエリアや儲かりそうなエリアを中心に出店をしてきたはず。もちろん、業界第1位であれば、儲かりづらくても出店しか大きな成長プランを描きにくいので出店するはず。イメージで言えば、業界第1位であれば、新宿は当然出店するけど、新宿よりは集客的に劣る笹塚も出さざるを得ない。

　とするならば、課題は、出店拡大に向けて、1店舗あたりの売上が落ちると予想されるなか、店舗オペレーションなどが磨きこまれておらず、それがボトルネックとなり、売上向上の最大ドライバーである「店舗拡大」をしづらくなっているのが課題ではないか。
　もう少し言えば、「出店基準」も、いいとこ取りのエリア用になっており、投資判断もステージに合っておらず、出店の足か

せになっている可能性があります。

　ですので、打ち手は、「店舗拡大に向けたチームを作り、いい物件を探すぞ！」という方向ではなく、まずは、「店舗拡大に向けた店舗オペレーションの磨きこみ」のはず。
　それさえできれば、おのずと、売上が伸びる。

　また、もう１つ、「店舗拡大」のボトルネックになっていそうなのが、トレーナーさんの確保。もう少し言うと、お店の看板になるようなトレーナーさんが確保できていない。看板になって、お客さんを引き寄せるためにはサマースタイルアワードなどの大会で優勝していてほしいですからね。
　ですので、打ち手としては、有望なトレーナーさんの「青田買い」ですよね。
　まだ、無名で大会で勝っていない方にプロテインやトレーニングを提供して、将来、仲間になってもらうとかはよさそうですよね。

　では、次の因数を見ていきたいと思います。
　②トレーナーの数がボトルネックになって、売上が伸びないというのはありそうですよね。これは先ほどの、チェーン店の拡大の課題ともつながっているので、その部分は割愛させてもらって、それ以外の課題を探してみる。
　トレーナーの数もさらに因数分解すれば、「今、在籍しているトレーナー数＋今年、新しく入ったトレーナー数−辞めてしまったトレーナー数」となりますよね。
　とすれば、「なぜ、もっと採用できないのか？」と「なぜ、辞めてしまうのか？」を考えていきます。特に、今回は「なぜ、辞めてしまうのか？」を考えてみたい。
　１つは、トレーナーの中でも若い選手は大会で自分が勝つこ

とも大事。であるが、トレーナーとして勤務しているとジムでの仕事が増えてしまい、トレーニングができない、という本末転倒が起き、辞めてしまう。

これについては、本で書いてありそうなことですが、「人が財産、つまりトレーナーが宝」と位置づけることですよね。「君が大会に勝つことが、うちのジムを繁栄させる」と高らかに宣言するなどは最低限必要ですよね。色んな補填サポートは当然するとして。

もう1つの辞める理由は、独立。トレーニングジムは圧倒的にローコストで開業できてしまう。

トレーナーであれば、誰しも自分のジムを持ちたいし、自分の色も出したい。でも、ゼロからの起業は自信がない。なので「独立サポート」をちゃんとするのは一案としてあり。そして、その前段として、優秀なトレーナーとは積極的に個別に契約条件を見直して、給料についても出来高にしてあげる。

では、②トレーナーの数はこのくらいにして、次の因数にいきたいと思います。

④"埋まり率"ですよね。これが、この4つの中では最大の論点になりますよね。

「なぜ、埋まっていないのか？」を考えることになります。

「ジムの代表など、ある一定のトレーナーに人気が集まり、他のトレーナーが空いてしまう」という「人の繁閑差」がありますよね。美容院でも起きているものですよね。

もう1つは「時間帯の繁閑差」ですよね。土日と平日の夜は混むけど、通常の勤務時間である9時〜17時が空いてしまうというやつですよね。これは当然起きる需給バランスの話なので、課題というより必然ですよね。

この課題で手っ取り早いのは「価格を変える」こと。混みがちな時間や人気トレーナーのレッスン料を上げることで繁閑差

をなくすやり方はありますよね。

　他にはすべてのレッスンに「人気トレーナーを関与させる」という手もあります。

　パーソナルレッスンは基本一対一ですが、そうしてしまうと人気トレーナーが１日に担当できるコマ数は決まってしまう。なので、基本的に他のトレーナーが指導するのだけど、最初や途中などで人気トレーナーがアドバイスする形にして、質の底上げを図るやり方も一案かもしれません。ここまではどちらかというと「このパーソナルジム内」で解決できる課題ですよね。

　それ以外で言えば、同じエリアにある「敵」にお客さんを取られており、結果、"埋まり率"が下がっているという状況が考えられますよね。

ここでいったん、休憩がてら、コメントを入れます。

　読んでもらうとわかりますが、流れるように解いてますよね。次に何を語るかが、因数分解のおかげでわかりやすいですよね。これが、「フェルミ推定」を使った戦略思考でございます。

　ベースラインは「フェルミ推定」を作りながらも、講義１〜９で習ったことを使いまくるのがセクシーです。習ったことと言えば、最後の１文、

「それ以外で言えば、同じエリアにある『敵』にお客さんを取られており、結果、"埋まり率"が下がっているという状況が考えられますよね。」

という文章でピン！と来た方もいると思いますが、この思考パス！覚えてますか？もちろん、カインズの講義でやった思考パスですよね。このように色々な技が掛け合わされて、最高に「深く」考えられるわ

けです。では、続きにいきましょう。

　大事なことなので繰り返しますが、それ以外で言えば、同じエリアにある「敵」にお客さんを取られており、結果、"埋まり率"が下がっているという状況が考えられますよね。

　「敵」は大きく2つほどいますよね。

（ⅰ）同じエリアにある、同じ形態のパーソナルジム。で、特にそのエリアには当然あるだろう業界1位のパーソナルジム

（ⅱ）同じエリアにある、複合的なジム。ゴールドジムやエニタイムフィットネスのようにパーソナルトレーニングがメインではないが、サービスとしては提供しているジム

　この2つに負けているはずなので、その原因と打ち手を考えていくことになります。

　では、見ていきましょう。

　まず、（ⅰ）の、王者・業界1位との闘い。負けている理由は「ブランドが負けている」から始まり、相手のほうが当然、店舗も多く「他の店舗も利用できます」という場合もあるだろうし、規模が利く世界だから「料金もやや安い」場合もあるだろう。彼らに勝つには、敵情視察を行い、「相手の実力」を見極めて、その少し上を行くトレーナーをぶつけるしかない。違う言い方をすれば、相手が旗艦店であったり、相手のトレーナーが超有名人なら、こちらの強いトレーナーをぶつけても「勝ち」につながりづらい。勝てるところを店舗毎に計算して、最大勝率を目指す戦略に切り替える。

　もう1つは、同じエリアの王者・業界1位と真正面で戦うのではなく、差別化、ニッチ戦略路線に切り替えて、高級路線や女性専用ジムなど「業界1位がやれないけど、やられたら面倒

だと思うこと」を狙う方向もありますよね。

　では、次に（ⅱ）のガチの競合ではないが、同じサービスを提供している複合的なジムとの闘いだ。負けている理由は、利用者から「そもそも、わざわざ、別のジムに行ってまで、パーソナルトレーナーをつけない」と思われており、トレーナーをつけたとしても、そのジムのサービス内でやる。当然、構造的にも、相場より安い価格になっている。これをどう解決すればいいか？は結構難しいけど、あえて言えば、「まずは、トレーナーさんの魅力で１回、来てもらう」ですよね。

　最近では、実際にSNSや広告で見かけますよね。男性向けにアイドルのようなかわいい子がトレーナーとしてついてくれるサービス。それがあるくらいですから、逆もありますよね、きっと。イケメンにトレーナーとしてついてもらいたいという気持ちに刺しにいく。

　では、最後の因数にいきましょう。

　⑤１回のレッスン単価ですよね。単価自体は相場通りですから、これが原因になっているということは、言い換えれば、クロスセルができていないということになりますよね。レッスン単価を上げるだけでなく、プロテインの販売などの物販もありますし、体を鍛えて大会に出たい人がいるなら、「大会サポート」などのサービスを展開することで、客単価を上げることもできるかもしれませんよね。

　といった感じで、因数毎に見てきました。あとはそれぞれによりどのくらい売上アップに貢献するか？をシミュレーションして、優先順位付けしていきます。

　こんな感じで解いていくのが、

「フェルミ推定っぽく解くと」です。

第2章でも改めて丁寧に語りますが、胸に刻んでほしいのは、

フェルミ推定っぽくも解けるし、
王道の戦略思考っぽくも解ける。

これを目指してほしいということ。
今回はここまでとします。

「暗記する」戦略思考講義11
＝すごい素材

では、さっそく、題材をお披露目したいと思います。

Q. とある衣料品メーカーのすごい素材でできたストッキングの価格も含めた戦略を考えてください。ちなみに補足でこんな追記がありました。

- 研究開発部門が偶然、副産物的に開発したのが、このすごい素材
- 絶対に破れず、傷まず、洗えば新品同様に戻るすごいストッキング

この題材をTwitterで見たとき、途轍もなく震え立ちました。

「考え始めた」だけで、皆さんに伝授したいアタマの使い方、戦略スウィッチが入ったからだ。Twitterでも仲良くさせてもらっている、実際にもお会いしたことがありますが、最高に鋭く、面白い「外資系うさぎのちょこさん（@ChoConejito）」が呟いていた投稿でございます。

すでに講義も11となっております。

終わりが見えてきていますので、頑張って解いてみてください。

▶ ここでしばらく考えてみよう。

まず、皆さんは何から考え始めましたか？

もちろん、フチドリ思考やリアリティ・スウィッチは当然、入れます。が、今回はそこがテーマではないので緩めにします。

この投稿を見たときに、僕が最初に思ったのは、

「とある衣料品メーカー」にとっての、「ストッキング」の位置づけ次第で戦略は変わる。

もう少し、わかりやすく表現すると、以下の2つの問いによって、今回問われているプライシングも含めた戦略が変わってくるな。

「衣料品メーカーがストッキングを製造・販売しているかどうか？」

「既存のストッキング事業が会社の主力か否か？」により、戦略は大きく異なる。

では、実際に語るように解きながら、説明していきたいと思います。まず、今回のお題をおさらいすると、こうですよね。

> Q. とある衣料品メーカーのすごい素材でできたストッキングの価格も含めた戦略を考えてください。

実に考えごたえのある題材ですよね。

まず、しょっぱなから大きな分岐があり、それ次第でまったく異なる
戦略の道を歩むことになります。

衣料品メーカーがストッキングを
①製造・販売している VS ②していない。

この分岐により戦略が変わってきます。

ここで少しブレイク。
そうなんです、今回のお題の肝が

すごい素材でできたストッキングの価
格は？

だからといって、猪突猛進で価格を計算し始めてはいけない
のだ。
　この「条件分岐」を見抜けずに思考してしまうと、その後、い
くらブリリアントな・美しい・セクシーな思考をしても、すべ
てが台無しになってしまいますからね。

　違う言い方をすれば、

だったら、先に言ってくださいよー！
を前もって、自ら考えることの
大切さである。

では、続きを解いていくとしましょう。

衣料品メーカーがストッキングを
①製造・販売している VS ②していない。それぞれの場合を考えてい
くことにします。

まず、① 製造・販売している場合は、結構、やっかいな決断を迫ら
れることになりますよね。社長のリアルな気持ちを想像すると、こんな
「お悩み」が浮かんできますよね。

- うちは「ストッキング」を製造・販売しているから、この"すごい
  素材"で作られたストッキングを無邪気に市場にローンチできない
  よね。直感的に。
- 考えてみると、"洗ったら"新品ということはこれを1つ買えば、二
  度と買わなくて済むとまでは言わないけど、年間購入量は10分の1
  とかになりそう。

一言でいえば、

社内でカニバリが起きてしまう

よってこの分岐は気をつけて検討しないといけませんよね。
　このカニバリによる売上毀損がどれくらい起きそうか？によっても行
動が変わりますよね。それが、もう1つの「条件分岐」です。

既存のストッキング事業が
A.会社の主力か？ VS B .NOT 主力か？

で価格付けは変わりますよね。
　もし、A.会社の主力であれば、それに取って代わる以上の金額を付け
ないといけませんからね。
　一方で、B.会社の主力でなければ、「とりあえず、やってみましょう！」

と言えますからね。

　とすれば、最初の分岐が、
　②衣料品メーカーがストッキングを製造・販売していない。であれば、無邪気に"すごい素材"でできたストッキングをローンチできますよね。なので、純粋にカニバリなどを考えず、最大売上、最大利益を狙えばいいことになりますよね。

　　では、ここで少しだけ休憩がてら、解説を入れておきます。

「条件分岐」イズ　キング

　　これが今回の題材で学んでほしい戦略スウィッチですからね。
　　ここまでの解説のように、「ここの分岐によって、それ以降の思考が百八十度変わるよね」を見極めて、そこを意識することが大事です。今回はそれを学んでいただく題材です。
　　分岐の見極めを間違えると、命取りになりますからね。

　　では最後まで思考パスをお見せしていきたいと思います。

　大きく2つ、細かく言えば、3つ、戦略を立案するための分岐が見えてきましたよね。
　補足事項として、「研究開発部門が偶然、副産物的に開発したのが、このすごい素材」とありますので、狙ってできた商品ではないとすると、「②衣料品メーカーがストッキングを製造・販売していない。」が濃厚かと思いますので、それをベースに次の論点である、「すごい素材でできたストッキングの価格は？」を考えていきたいと思います。
　ここで、少し、皆さんにも考えてもらいたいと思います。

この新しい、次の論点＝「すごい素材でできたストッキングの価格は？」をもらった時、どんなことを考えるだろうか？

Q. すごい素材でできたストッキングの価格は？

3分考えてみてください。

この時に、「あれ」を思い出してくれていると嬉しいです。

今回の論点である、「価格をいくらにするか？」というのは、事業をやっている方ならおわかりになると思いますが、本当に難しいですよね。

心の底から、こう思っているはず、

お客さんが買ってくれる前提なら
一番高い金額にしたい、と。

ですよね。しかしながら、その金額のラインを見極めるのは科学してもしきれない、神の領域ですよね。そう、つまり、価格付け・プライシングは、まさに、

答えのないゲーム

です。なので、答えのないゲームを意識して、「いくらにするか？」に取り組まないと、よい思考パスにはなりませんよね。

復習ですが、皆さん、覚えてますか？

「答えのないゲーム」の戦い方
① 「プロセスがセクシー」
　　＝セクシーなプロセスから出てきた答えはセクシー
② 「2つ以上の選択肢を作り、選ぶ」
　　＝選択肢の比較感で、"よりよい"ものを選ぶ
③ 「炎上、議論が付き物」
　　＝議論することが大前提。時には炎上しないと終われない

ですよね。今回使うのは、

② 「2つ以上の選択肢を作り、選ぶ」

では、実際に解いて、もう一段、理解してくださいませ。

　では、このストッキングの価格の考え方を複数示したのち、比較しながら、いくらにするか？を考えていきたいと思います。ぱっと浮かぶのが、この2つ。

- **人生でストッキングに支払う価格から算出する方法**

　　これは、価値ベースですよね。今回は"すごい素材"で、補足にあったとおり、洗えば新品同様になる。ですから、ユーザー1人が人生でストッキングに支払う金額に価格設定してもお得でしょ？という考え方から算出する。ざっくり計算しますが、ここでもフェルミ推定が出てきます。

　　1人のユーザーが人生でストッキングに支払う総額

　　＝［ストッキングを穿く期間］×［1年間の購入数］×［単価］

　　＝［30年］×［10足］×［1,000円］

　　＝ 30万円

　　こうなります。ただ、その全部をもらうわけにいきませんから、

例えばその3割で9万円とする、という考え方です（「3割」というのは仮／テキトーな数字。もらえそうな額最大にするので、3割か4割か？はマーケッターの腕の見せ所となります）。

・このストッキングの原価をベースに算出する方法

簡単に言えば、この"すごい素材"のストッキングの原価が3,000円なので、それに利益を付して5,000円にしましょう、という価格付け。付加価値や、マーケットの受容性＝お財布の大きさを無視した考え方となります。だって、購入者にしてみたら、価格付けが妥当だよって説明されてもって感じですよね。「商人魂」を燃やした表現をすれば、この価格は「最低価格」に近くなるので、「お客さんがもっと払えるなら、もっと高い価格つけようぜ」という考え方をしない、前提となります。

この2つの算出方法をベースにしながら、あとは、今、出てきた金額＝5,000円と9万円を［幅］として、マーケットにいる「新品になるっていっても、ストッキングに支払うのは〇〇円まででしょ？」という消費者の感覚を掛け算して、考えていくということになります。

少し、休憩がてら、解説を挟みます。

いかがでしたか？2つの算出方法を示すことで、思考が深くなりますよね。

この思考の延長線上で、5,000円と9万円なので、間をとって5万円にしましょうでも、構いません。でも、さらに思考を深くする戦略スウィッチがあるのです。

せっかくですので、繰り出しておきましょう。

では、ご覧ください。

では、価格設定の「幅」ができたところで、もう1つ、重要なことを考える必要があります。それは、そもそも、

ストッキングの価値は何だろうか？

でございます。これを考えないといけません。

私はストッキングを使用したことはないので、あくまで仮説で申し上げれば、こうなります。

ストッキングの価値
＝[生足を出したくない人のための、
##　　一種の靴下的な価値]
＋[おしゃれの一環としての価値]

これと照らすとどうでしょうか？

今回の"すごい素材"のストッキング。これは、1つ目の[生足を出したくない人のための、一種の靴下的な価値]という視点で考えると、世の中でこれ以上に価値を訴求できるストッキングはありません。

しかしながら、どうでしょうか？当然、我々はストッキングを製造も販売もしてきていないので、[おしゃれの一環としての価値]に関してはド素人であり、知見がありません。

そうすると、[おしゃれの一環としての価値]を重視しているユーザーからは、「破れなければいいわけじゃないんだよ、ストッキングってものはさ」というバッシングの声が聞こえてきそうです。

とすれば、先ほど算出した、以下の数字はやや強気だったことになります。

> 1人のユーザーが人生でストッキングに支払う総額
> ＝［ストッキングを穿く期間］×［１年間の購入数］×［単価］
> ＝［30年］×［10足］×［1,000円］
> ＝ 30万円

　これだと、１人が持っている、人生で買うすべての価値を奪うことになってしまいます。

　でも、実際、おしゃれなストッキングも買うだろうし、今回のストッキングの売りはただ１つ、破れないことになってきます。

　そうすると、地味でオーソドックスなストッキングはこちらに買い替えることはあっても、おしゃれストッキングには勝てないことになります。

　そうすると、因数分解も進化して、こうなります。

> 1人のユーザーが人生でストッキング、その中でも"おしゃれ"ストッキング以外に支払う総額 (要は、破けなければいいストッキングの類)
> ＝［ストッキングを穿く期間］×［１年間の購入数］×["おしゃれ"ストッキング以外の割合]×［単価］
> ＝［30年］×［10足］×［50%］×［1,000円］
> ＝ 15万円

　となりますよね。

　どんなに新しくなるといっても、「失くしてしまう」ことを考えると、さすがに30年というわけにはいかない。ストッキングを穿く期間＝このストッキングを失くさずに持っている期間はせいぜい、５年でしょう。

とすれば、因数分解はさらに進化を遂げます。

1人のユーザーが人生でストッキング、その中でも"おしゃれ"
ストッキング以外に支払う総額（要は、破けなければいいストッキ
ングの類）
= ["すごい素材"のストッキングを失くさずに保有できる期
間] × [1年間の購入数] × ["おしゃれ"ストッキング以外
の割合] × [単価]
= [5年] × [10足] × [50%] × [1,000円]
= 2.5万円

となります。最後に、ユーザーが買ってくれそうな現実的な金額とい
う観点でチェックすると、2.5万円は悪くないと考えます。

以上となります。

いかがでしたでしょうか？さくっと終わると思いきや、今回も色々な
アタマの使い方が出てきましたね。この思考パスや、局面を変える「戦
略スウィッチ」をそのまま、この文章のまま暗記してしまうのが一番で
す。しかし、いきなりは難しいと思います。

第2章で、「戦略スウィッチ化」してますので、それをベースに覚えて
みてください。

今回の題材だけでも、「条件分岐を考えてみる」とか、「答えのないゲー
ム」、そして、「フェルミ推定」など教えたいことが骨太に含まれてい
ましたね。

第2章も活用しながら、思考パスをそのまま、暗記してください。そ
れが大吉です。

では、今回はこのくらいにしておきます。

「暗記する」戦略思考講義12
＝年間パスポート

第1章の最後の講義です。

ここまで読み進めていただき、思考環境、思考パス、戦略スウィッチ、と新しいアタマの使い方を、「なんとなく」体感していただけていると思います。

さて、今回のお題はみんな大好き、僕はちょっと苦手なこちらだ！

> **Q. 東京ディズニーランドの年間パスポート購入者を増やすには？**

この題材は結構、難しいというか、大きな罠があります。

第1章の最後の問題です。講義1の問題と同じように、模範的な間違い＝模範誤答例を示しますので、何が罠なのか考えてみてください。

そして、その「罠」にハマらないための思考が、第1章の締めとして教えたい「戦略スウィッチ」です。

まずは、さらりと読み、

ココの思考、浅くね？

を楽しんでくださいませ。

東京ディズニーランドの年間パスポート購入者を増やすためには混雑対策が必要です。現状の課題と打ち手のセットでお話しします。1つ目の課題は休日の混雑で、これに対しては平日専用の年間パスを投入することで解消します。2つ目は人気アトラクションの混雑で、これに対しては人気アトラクションを除いた年間パスの投入、人気アトラクション以外のスポットの充実、人気アトラクションでの子ども受け入れ態勢の充実が考えられます。

まず親子連れ目線で考えます。30歳代の夫婦と子ども1人（2歳）の親子連れを想定します。彼らがディズニーランドのリピーターにならない最大の理由は混雑です。先日、単日のチケットで訪問・入場した際、人気アトラクションは2時間待ちが当たり前でした。それでは利用できません。

なぜなら、小さな子どもが耐えられないからです。言葉を十分に発することができない年齢の子どもでは、おむつ交換、昼寝、行列に並ぶことなどが現実的には難しいのです。

また、根本的に人気アトラクションには年齢・身長制限のあるものが多いからです。結果、ディズニーランド特有の豪奢なアトラクションの利用はできず、単に見る、食べる、散策するといった楽しみに限られます。これでは年間1人10万円も支払ってパスは買わず、そしてわざわざ千葉県まで行かずに自宅近所の他の施設で代替しようと思います。

こうしたことから、ディズニーランドのリピーターを増やすには、混雑対策が主な打ち手となります。

混雑は土日が平日より圧倒的に深刻になります。よって、平日の利用であれば待ち時間が減ります。そのことから、平日限定の年間パスを新たに開発して売り出します。価格も下げます。

ユーザーの意識も平日利用に向きます。父親も年間に何度も休暇を取得して家族でディズニーランドを利用するようになります。

混雑する人気アトラクションを利用対象外とした年間パスを新たに開発して売り出します。価格も下げます。ユーザーも人気アトラクションを利用しないという前提になりますのでストレスを感じません。利用できるアトラクションが限定的でも、キャラクターに会えたり食事をしたり、見て楽しむ穏やかなアトラクションは利用できるので、パスが安ければ近所の施設よりも価値を感じられます。

また、混雑を避けるという意味では上記の人気アトラクション以外の充実が必要です。これらのスポットを、リピートしたくなるように意識して充実させることが年間パスの販売を増やします。

具体的には、今以上に季節感を持たせた仕掛けを仕込みます。親は子どもに季節に応じて異なる楽しみを感じさせたいからです。現状、クリスマスや新年、ハロウィンの時期に限定イベントなどの仕掛けを仕込んでいますが、さらに、七夕、お盆、こどもの日、ひな祭りなどにも相応のイベントを仕込みます。

最後に、人気アトラクションごとに多目的ルームを設置して、小さな子どもに対応できるようにします。そこではおむつ替え、昼寝、おもちゃ遊びができるので行列に耐えられます。また、両親がアトラクションを実際に利用する際に年齢・身長制限に引っかかる子どもを待機させることもできます。

ここでお伝えした策は現状より安い価格の年間パスの売り出しを含むので、販売単価は下がりますが、現状のパスとの棲み分けができ、トータルで販売数の増加につながります。

つっこみどころ満載だったと思います。

ほんと人間って面白くて、

批判はいくらでもできる生き物

なんですよね。本当に。だから、こういう模範誤答で学ぶって、やりやすいですよね。では、私も細かくつっこみながら、解説していきたいと思います。

> ▶ 皆さんにより理解してもらうための「模範誤答例」の添削

東京ディズニーランドの年間パスポート購入者を増やすためには混雑対策が必要です。

- 「論点に答える」というのは大事な礼儀。ですので、悪くないスタートではあります。
  しかしながら、「混雑対策」だと「打ち手」と感じづらいので、この後に続く、「打ち手」をズバリ伝えるほうがベストだったとは思います。

現状の課題と打ち手のセットでお話しします。

- この一文に込められた「思考」が最高ですね。打ち手バカにならない。
  打ち手を聞かれているのだが、それ以上に「打ち手よりも課題が大事」という思考が、この一文ににじみ出ています。最高。

1つ目の課題は休日の混雑で、これに対しては平日専用の年間パスを投入することで解消します。2つ目は人気アトラクションの混雑で、これに対しては人気アトラクションを除いた年間パスの投入、人気アトラクション以外のスポットの充実、人

気アトラクションでの子ども受け入れ態勢の充実が考えられます。

• 皆さんはお気づきになられたでしょうか？この題材で教えたいことで、最も罠にハマっているのが、この部分でございます。のちほど丁寧に解説します。
先に、残りを見てしまいますね。

まず親子連れ目線で考えます。30歳代の夫婦と子ども1人（2歳）の親子連れを想定します。

• ココはまさに、講義でも何度も登場したリアリティ・スウィッチですよね。素晴らしい。

彼らがディズニーランドのリピーターにならない最大の理由は混雑です。先日、単日のチケットで訪問・入場した際、人気アトラクションは2時間待ちが当たり前でした。それでは利用できません。

なぜなら、小さな子どもが耐えられないからです。言葉を十分に発することができない年齢の子では、おむつ交換、昼寝、行列に並ぶことなどが現実的には難しいのです。

また、根本的に人気アトラクションには年齢・身長制限のあるものが多いからです。結果、ディズニーランド特有の豪奢なアトラクションの利用はできず、単に見る、食べる、散策するといった楽しみに限られます。これでは年間1人10万円も支払ってパスは買わず、そしてわざわざ千葉県まで行かずに自宅近所の他の施設で代替しようと思います。

• 「混雑」を課題とするのがスジがいいか、悪いか？はさておき、これだと、「ディズニーランドに行かない理由は何か？」

になってしまっていて、「年間パスポートを買わない理由は何か？」の色合いが薄くなってしまっているのが残念でしたね。

　こうしたことから、ディズニーランドのリピーターを増やすには、混雑対策が主な打ち手となります。

　混雑は土日が平日より圧倒的に深刻になります。よって、平日の利用であれば待ち時間が減ります。そのことから、平日限定の年間パスを新たに開発して売り出します。価格も下げます。ユーザーの意識も平日利用に向きます。父親も年間に何度も休暇を取得して家族でディズニーランドを利用するようになります。

　混雑する人気アトラクションを利用対象外とした年間パスを新たに開発して売り出します。価格も下げます。ユーザーも人気アトラクションを利用しないという前提になりますのでストレスを感じません。利用できるアトラクションが限定的でも、キャラクターに会えたり食事をしたり、見て楽しむ穏やかなアトラクションは利用できるので、パスが安ければ近所の施設よりも価値を感じられます。

　また、混雑を避けるという意味では上記の人気アトラクション以外の充実が必要です。これらのスポットを、リピートしたくなるように意識して充実させることが年間パスの販売を増やします。

　具体的には、今以上に季節感を持たせた仕掛けを仕込みます。親は子どもに季節に応じて異なる楽しみを感じさせたいからです。現状、クリスマスや新年、ハロウィンの時期に限定イベントなどの仕掛けを仕込んでいますが、さらに、七夕、お盆、こどもの日、ひな祭りなどにも相応のイベントを仕込みます。

　最後に、人気アトラクションごとに多目的ルームを設置して、小さな子どもに対応できるようにします。そこではおむつ替え、昼寝、おもちゃ遊びが出来るので行列に耐えられます。また、両

親がアトラクションを実際に利用する際に年齢・身長制限にひっかかる子どもを待機させることもできます。

　ここでお伝えした策は現状より安い価格の年間パスの売り出しを含むので、販売単価は下がりますが、現状のパスとの棲み分けができ、トータルで販売数の増加につながります。

・この部分は、先ほど説明を後回しにした「罠」と関係しているので、解説はのちほどすることとします。

　では、今回の模範誤答例がハマっていた罠であり、皆さんもハマりやすい罠について、解説したいと思います。

　何かモノゴトを考えて、問題解決をしようとするとき、自然と気づかないうちに易きに流れます。

　今回の「年間パスポート」の問題で、こういう答えに飛びついてしまった人は全員、「易きに流れる」罠にハマっていることになります。

・平日用の年間パスポートを作る
・年間パスポートではなく、回数券にする
・「10分早く来場できる」権利を付ける
・「ミッキーと写真を撮れる」権利を付ける

といった打ち手を考えてしまった方は、ハマっております。

　うん、うん、これらを考えてしまいがちですよね。最終的にこの打ち手にいきつくのは悪くないのですが、ココから考え始めてしまうのはアウトです。

　「東京ディズニーランドの年間パスポート購入者を増やすには？」という論点の持ち主の気持ちになって考えてみてほしい。彼がやりたいことは、

「今のまんま」の年間パスポートをいかに売るか？

であり、まずそれを考えに考え抜く。その結果として、「今のまんま」ではなく、"売りやすい"形に進化した話を考えてほしいからだ。

例えば、僕の愛する、通っている「トライフォース大島という柔術道場（主宰：石毛大蔵師匠）の売上を伸ばすためには？」を考えるときに、いきなり「施設内にお風呂とサウナを作りましょう」とかの方向性に思考されても、論点の持ち主である石毛師匠にしてみたら、

いやいや、そういうことじゃないんだけど。

となってしまう。そうではなく「最も難しい問題」と捉えて、思考することが大事なのです。

つまり、「そのまんま」が大事。
つまり、「そのまんま」が大事。
つまり、「今のまんま」が大事。

それを「そのまんま思考」と呼ぶ。

今回の問題をもう一度見つめてみると、

Q. 東京ディズニーランドの年間パスポート購入者を増やすには？

この文章を次のように読み替えて思考できると大吉というか、
戦略思考マスターともいえます。

> ## Q. 東京ディズニーランドの年間パスポート自体は何も変えずに、購入者を増やすには？

第2章できっちり「戦略スウィッチ化」しますが、覚えておいてください。

では、本章の最後に、この問題を私なりに解きますので、思考の流れをつかんでいただければと思います。今まで通りですが、今回ご紹介した戦略スウィッチ「そのまんま」以外もフルフルで使っております。打ち手自体よりも「解き方」をメインに語っていきます。

インサイトフルな打ち手を見たところで学びになることは少なくて、それ以上にその打ち手に至るまでのプロセスこそが重要なのです。そこには再現性があります。

実際、コンサルやビジネスの世界でも「打ち手自体」だけを説明しても、得てしてありきたりだったりするもの。クリエイティブなお仕事ならまだしも、基本、「アイデア勝負」をしてないので、「わぁ！まじか、その打ち手は浮かばなかったよー」とはなりづらい。

むしろ、「解き方」に対して「わぁ！なるほど、そう考えたのね」「そこまで考えてくれたのね」となりますよね。

では、考えていきたいと思います。

> ▶ 回答まとめ
>
> 「東京ディズニーランドの年間パスポートの購入者を増やすには？」ですから、思考の出発点は、みんなが飛びつきそうな

「特典を付ける」から考えずに、今、売られている「そのまんまの」年間パスポートをベースに思考を深めていきたいと思います。

　年間パスポートは簡単にいえば、「夢の世界」ではなく「現実の世界」が作り出した商品ですよね。まさにお金の世界、お得の世界ですよね。ですので、身近な話で言えば、懐かしき「定期券」の世界観ですよね。

　じゃあ、「定期券」は、どういうときに買い、どういうときに買われないのか？といったら、シンプルに表現すると算数の話、少しかっこつけると「損益分岐点」の話ですよね。

　例えば、通勤通学で何度か休んだとしても、定期券のほうがお得であれば買うし、トントンくらいだったら、失くすリスクもありますから、買わない、となりますよね。

　それをディズニーランドの定期券こと「年間パスポート」に数字を当てはめていきます。仮に年間パスポート＝10万円、1日チケットを＝8,000円として、考えてみます。

　といっても、単純な話ですよね。

　年間13回以上ディズニーランドに行く→買う！

　VS 年間12回以下→買わない

　となりますよね。もう一段、ターゲットにリアリティを持たせていきましょう（この辺りで、「あ！はいはいはい、何度も見てきた思考パスね！」となっていると思います。ピン！と来ていなくても、第2章で再度整えますのでご安心を）。

　まず、年間で1、2回行きます！というような人はターゲット外ですね。一番のターゲットとなるのは、

　A）結果的に「年間13回以上」来場してくれた最高な皆さん。となりますよね。

　最高ですよね。彼女・彼らこそ、「年間パスポート」を買ってくれそうな最高のポテンシャルクライアントとなりますよね。突き詰めて考えると、この層は放っておいたほうが「利益的」

にはよい可能性はありますが、いったん、今回は「年間パスポートを売る」を主軸にシンプルに考えていきます。

このとき、大事なのは「結果的に年間13回以上」来場してくれた、ですよね。この「結果的に」を「計画的に」に変えることができれば、「年間パスポート」が売れるわけですからね。

簡単に課題と打ち手にも触れておきます。「結果的に」となっているのは、年末または年始に、「この先1年でこのくらい東京ディズニーランドに行けるか？行きたいか？」を考える時間がないのが原因となりますよね。もし、少しでも未来を考えてくれれば、可能性が上がりますよね。だから、この課題を仕組みで解決することを考えます。

ですので、年末年始に、パーク内で「皆さんはこの先1年、何回行きますか？」という1枚紙のパンフレットを配る。そこには、1年、12ヶ月、365日のイベントを記載し、「このタイミングは必ず、行く」と、「行くなら、このタイミング」というのを促します。

例えば、新しいアトラクションがオープンするタイミングはもちろん、レストランの新メニューも記載します。そして、1月から12月までのイベントを丁寧に記載します。正月、バレンタインデー、ホワイトデー、イースター、ゴールデンウィーク、七夕、夏休み、ハロウィン、クリスマスなど。「考えさせる」ことで、「結果的に」を「計画的に」とさせる打ち手となります。

次にターゲットになるのは、

B)「損益分岐点の年間13回の来場」に数回足りない、惜しいお客さん。

月1回は行かないけど、年間8回ほど行ってくれているお客さん。この層が最も、オリエンタルランドの皆さんの力の見せ所なターゲットですよね。

ボリューム的にA）と比べても多そうですからね。

このA）B）について、年間パスポートを買わない原因、課題を詳らかにして、打ち手につなげていけばいいわけです。

　さらに深めていきます。
　このA）B）の延長線上にない思考をもう１つすると、面白い答えが出てきます。

　突き詰めて考えると、東京ディズニーランドの年間パスポートを購入する人はやっぱり、「ディズニーランド、大好き！」ですよね。これの延長線上に考えたのが、A)とB)。でも、ターゲットはもう一塊ありますよね。
　それはディズニーランドはそんなに好きではないけど、めちゃくちゃ近くに住んでいる方。
　それをターゲットにします。

　C）ディズニーランドの目と鼻の先の、舞浜近辺に住んでいる、最強な皆さん。
　道すがらディズニーランドを見かけるけど、大好きというわけではない。たまに、新聞のおまけなどで、パスポートをもらったときには行くくらいの方々。立地的にはお客さんとしてはスウィートスポットなので、ここを狙いたいですよね。

　C）についてはやや「打ち手ドリブン」ですが、「どうやったら、買ってくれるか？」を練りこむことになります。

　このように、A）B）＋C）とターゲットをリアルに描ききることで、思考を深めやすくなりますよね。

この問題を見たときに、「年間パスポートに何かを付ける」に飛びついてしまうと、こんなに深く考えられずに、終わってしまいます。

ですので、「戦略スウィッチ」として、

「そのまんま」思考で考える

が大事になってくるわけです。

お疲れさまでした !!!
ふぅ、第1章という大きな壁を皆さん、越えました。
もう、ほとんど、ゴールです。
あとは健やかなウイニングランっす。

さて、第1章はこちらで終わりとなります。気づけば、12の題材を解きながら、思考の流れを軸足に教えてきました。

第1章で「なんとなく」感じてきた思考の深め方を、次の第2章でスキル化、「戦略スウィッチ化」しますので、お楽しみにしてくださいませ。

第2章

「暗記する」
戦略思考の
スウィッチ化

ビジネス・人生で「唱える」準備をする

第1章から全力疾走するスタイルだったので、
時には「思考の疲労感」もあったかと思いますが、
ついてきてくれてありがとうございます。

ここからは健やかな時間が続きます。

というのも、第1章「暗記する」戦略思考講義で、
「一度」アタマに入れた思考パスをいつでも
「パッと」出せるように仕立てておきましょう、
というのが第2章でございます。

題名に「暗記する」ってドカンとつけたくらいですから、
暗記をしてもらいます。

具体的に言いますと、
「〇〇〇〇っぽく考えてみると」を
改めて、「暗記」してもらうとともに、
ビジネス、人生で、こういうところで使えますよね、
ということに「ピン！と来てもらう」時間となります。

この章を読み終わったとき、自然と、
「〇〇〇〇っぽく考えてみると」
を自問し、口ずさんで、自然と深く、
そして、面白く考え始めているよ。

戦略スウィッチ01
「大学1年生の英語留学っぽく考えてみると」
＝リアリティ・スウィッチ
イズ　キング

　ここから第2章の始まりでございます。第1章で戦略思考をフルに使った解き方を見ていただきました。この章は、戦略思考をいつでも使えるようにする、スキル化する時間です。

　それを「戦略スウィッチ」と名付けて、覚えやすく、使いやすくしていきます。習ってきたことを「整える」フェーズですので、リラックスして読んでみてください。

　では、まず、1つ目のこちらです。いったん、恥ずかしがらずに暗唱してみましょう。

「大学1年生の英語留学っぽく考えてみると」

　うんうん、このフレーズだけで、第1章で読んだ内容を思い出せていれば、最高です。それをより濃い記憶にすることで、使える武器にしてもらいたい。まず、簡単に定義してしまいます。

戦略スウィッチ01

「大学1年生の英語留学っぽく考えてみると」

リアルに考えること。
特に、自分勝手に状況などを置く思考パス

という感じです。

定義だけを覚えても武器としては弱いままです。第1章の解き方をサマリーしますので、それを覚えてしまってくださいませ。

できれば、一言一句覚える。
でも百歩譲って、誰かに説明できれば、
渋々OK。

今回の問題であれば、「大学1年生の英語留学をどこにすればいいか？であれば、こうやって解きますよね」と1分くらい思考パスを説明できれば、合格です。

そこで戦略スウィッチにする部分にフォーカスして、第1章の回答をまとめていきますので、下記を覚えてみてください。

> ▶ **これを暗記！**

> 今回のお題は、大学1年生が、英語留学を考えています。留学先に相応しい国はどこか？を考えてみてください。で、どういう流れで、解けばいいか？というと、「大学1年生」のまま考えず、具体的に背景や状況を置いて考えていけばよい。
>
> 例えば、早稲田大学の1年生でテニスサークルに入り、夏はサークル合宿。空気的にも、自分的にも友達を作るうえで行きたい。そして、英語留学に向けて、親の助けも借りるけど、自分的にもバイトでお金を貯める期間を考えると、大学1年生の終わりの冬・春休みが現実的。
>
> と、具体的にイメージして、考えていけばいいよね。

戦略思考、戦略スウィッチを語るうえで、一番大事なのがこのスウィ

ッチでございます。
　ですから、このスウィッチだけは特別にこう呼んでいます。

リアリティ・スウィッチ。
「大学１年生の英語留学っぽく考えてみると」

でもいいですし、

「リアリティ・スウィッチを入れてみると」

で覚えてもらっても構いません。ぜひ、これを覚えて、思考をスパークさせるトリガーにしてくださいませ。
　リアリティ・スウィッチは思考を深くするために一番大事です。
　これはビジネスだけでなく、人生にも活用できます。

　例えば、あなたが整骨院の常連だとして、整骨院で働いている女性にプレゼントをあげて、カッコつけたいと思っているとします。
　さて、皆さんはプレゼントを何にするか？をどう考えるだろうか？

　一番ダメなのが、

「わからない」から、考えるのをやめるという愚行。

本当に「わからない」から考えるのをやめるって方が多い。
そうでなくて、

「わからない」からこそ、
腕の見せどころ、思考のしどころだ！

となってほしいです。

　そこで、出番なのがこのリアリティ・スウィッチであり、「大学1年生の英語留学っぽく考えてみると」ですよね。では、実際に当てはめてみて、この節を締めていきたいと思います。

　今回のお題は、整骨院で働いている女性に何をプレゼントするか？を考えてみてください。で、どういう流れで、解けばいいか？というと、「大学1年生の英語留学っぽく考えてみると」まず、想像して、自分勝手に状況などを置いてみようぜ、と。とりあえず、お花を贈っておけばいいでしょ！という思考停止だけは避けねばならない。整骨院で働いていると、夜の時間帯まで勤務していることが多いと考えられる。とすると夜、飲みに行くことができないため、家で飲むことが多いはず。とすれば、宅飲み関連で素敵なものにしよう。物は捨てる時に気が引けるはずなので、家で食べられるおつまみ、からすみにしよう！

　という風に考えてほしいということです。

　モノゴトを考えるというのは「答えのないゲーム」ですので、プレゼントしてみないと喜んでくれるかどうかはわからない。だからこそ、「プロセス」が大事になってくる。

　今回で言えば、リアリティ・スウィッチを入れて、「あーだ、こーだ」色々、自分勝手に状況を置いて、考えたことが大事ということです。

　実際、「からすみ」をプレゼントして、「え？私、からすみはあんまり食べないんだけど……」となったとしても、こう感じてくれる。

もらったプレゼントとして、最悪の部類に入るけれども、私のことを想って、考えてくれたことが嬉しい。

　となるわけです。人生は複雑なので、大外れはありますが、ビジネスの世界ではここまでの大外れは少ないですし、この思考のもと、グーグル検索も含めて調べれば、いい答えを導きだせますからね。書いた当初はグーグル検索でしたけど、今であれば、ChatGPTですね。

　ほんと、変化が激しい世の中になりました。少し脱線しますが、このような「AIが台頭し、世の中が変わりまくる中」で、健やかにビジネスしていくには「磨き切った思考技術」を持つってことがより武器になりますよね。

　皆さんもこの本を手に取ってくれるほど健やかな賢さをお持ちですから、引き続き、僕の本に限らず、思考を磨いて、より健やかなビジネスライフをお過ごしくださいませ。

　ということで、本題に戻ります。
　最初の「戦略スウィッチ」の説明はここまでにしましょう。
　最後に、暗記していただきたいので、大きな声で叫んで終わりましょう。

「大学1年生の英語留学っぽく考えてみると」

　からの、

「リアリティ・スウィッチを入れてみると」

　以上、いままで抽象的に学んでも身に付かなかった「戦略思考」とやらを、この調子でいい塩梅に学んでいただきます。

戦略スウィッチ02
「カインズっぽく考えてみると」
=敵は誰か？
消費者の意思決定の分岐

「本」という1人で読む、かつ教えてくれる先生と直接の対話ができないメディアで学ぶときのコツは、自らテンションを上げること。

ですので、いったん、暗唱、いや、叫んでおきましょう。

「カインズっぽく考えてみると」

今回もアタマにしまいやすくするために、簡単に定義します。

戦略スウィッチ02

「カインズっぽく考えてみると」

誰が敵なのか？を考える。
特に、消費者／ユーザーがお金を使うまでの
「分岐（＝VS）」を詳らかにする思考パス

という感じになりますよね。
　よりパワフルに使うためにも、「カインズ」の問題についてざっくり、「こういう流れで解けばいいですよね」と話せるくらいに暗唱できると大吉でございます。

こういう感じで、さらさらと言えるならば、もう、いつでも、会議室で自然と使えます。

今回のお題は、日本のホームセンター業界に属する「カインズ」の売上を1.5倍にしてください。で、どういう流れで、解けばいいか？というと、ホームセンターで買えるような、DIYグッズなどを買う際に、カインズで買わずにどこで買ってしまいそうか？の「分岐」を丁寧に考えていけばいいのよ。

3つほど、分岐がぱっと浮かびますよね。

1つ目は、「ホームセンター」VS「ネット＋α」。その分岐に勝った次に来るのが、

2つ目は、「カインズ」VS「他のホームセンター」。うんうん、カインズまで来てくれたら店内での闘い。ということで、

3つ目は、「(カインズで) いっぱい買ってくれる」VS「来店目的のものだけ買われちゃう」。

ですよね。この3つの分岐。だから、その分岐になぜ負けてしまうのか？を考えて、そのうえで、打ち手を考えていけばいいですよね。

抽象的にしすぎると、暗記しても使いづらい。ので、上の文章くらいの内容を「人に語れる」くらいに暗記してしまうのが本当にいいですよね。

この思考パスをとっさに引き出すための「戦略スウィッチ」となるのが、このお言葉、

「カインズっぽく考えてみると」

となるわけですよね。思考というのは「始めてしまえば」あとは流れるように考えられるものですからね。

では、さっそく「カインズっぽく考えてみると」を使って、
この問題を考えてみてください。

Q. ある地方都市のタクシー会社の売上を伸ばすためにはどうしたらいいか？

では、皆さんも「5分」だけ、考えてみてください。
さっき、「カインズ」問題で書いた、「こういう流れで解けばいいですよね」というのだけで構いません。

▶ ここでしばらく考えてみよう。

皆さんのアタマには、「タクシー VS どこかだ！」という思考がグルグルしてくれていたことでしょう。

　ある地方都市のタクシー会社の売上を伸ばすためにはどうしたらいいか？を仮に、「カインズっぽく考えてみると」こうなりますよね。
　ある地方都市ですから、仮に仙台だとすれば、1つ目は、タクシーを含め、バス、電車などの公共交通機関 VS レンタカーで移動、というのがきますよね。ぐるぐる観光するなら、運転する人がお酒を飲めない、駐車場に困るかもしれないという不安、慣れない土地だから迷う、事故ったらアウトということを除けば、レンタカーもよい。
　2つ目は、駅から泊まる宿までタクシー VS バス、電車で移動。

うんうん、少しは歩くかもしれないけど、コストの安さ、そして街並みを感じられるという意味では公共交通機関も悪くない。

3つ目は、宿から観光スポットまでタクシー VS 極力、バス、電車＋最後だけタクシー。地方になると観光スポットまで駅から遠いことも多いので、駅からはバス、電車を使って、途中でタクシーに乗り換えるという移動もありますからね。

この3つの分岐。だから、その分岐になぜ負けてしまうのか？を考えて、そのうえで、打ち手を考えていけばいいですよね。

このように考えていけば、思考が深くなる、カッコつけて違う言い方をすれば、解像度が上がりますよね。

暗記してしまえば、ストレスなく、もう一段深く考えられますよね。戦略思考の引き出しを増やしていくイメージで、第2章を読み進めてください。

最後に、暗唱して終わりましょう。

「カインズっぽく考えてみると」

早く、使いたくなりませんか？

戦略スウィッチ03
「車の教習所っぽく考えてみると」
＝ホーム・アウェイを地理的、視覚的に

さぁ、今回も恥ずかしがらずに、声に出してみることから始めてください。本当に大きな声で、お願いします。

「車の教習所っぽく考えてみると」

今回もアタマにしまいやすくするために、簡単に定義してしまいましょう。

戦略スウィッチ03

「車の教習所っぽく考えてみると」

どこがホームで、アウェイか？を考える。
特に地理的／視覚的に「勝ちゲーム」か
「負けゲーム」か？を詳らかにしていく思考パス

うん、うん。そうなんです、この「地理的」というのが大事なんです。いわば、「このエリアは勝てますし、勝たねばならない。けど、このエリアは負けるのが基本。だから、10回に１回でも勝てたら御の字。」という感じで、戦略の色付けをしていく思考パスです。

第2章では覚えていただきたい内容をその都度「切り取り」、覚えやすくしてます。

　第1章を通してジワジワ培った「理解」を武器とするために「暗記」していく第2章をお楽しみください。

> ▶ **これを暗記！**
>
> 　今回のお題は、「東京都内の自動車教習所の売上を2倍にする打ち手を考えてみてください」で、どういう流れで、解けばいいか？というと、大きく、この都内の自動車教習所からの住まいや行動圏の近さで分類して考えていく。
>
> 　①この自動車教習所が最も近いホーム、そして、②他の教習所のほうが近いアウェイ。③そして、勝負所とすべき、他の教習所からの距離（便利さ）がどっこいどっこいのエリア。そして、④別の戦いとしての地方に行く免許合宿となりますよね。
>
> 　あとは、それぞれのエリア戦毎に「負けている／より勝ち得る」原因・ポイントを探り、打ち手を考えていけばよいですよね。

　3つの戦略スウィッチが出てきました。覚えてしまいましょ。

　もし僕が一対一で講義しているなら、「もうね、要領よく理解するとか、僕らは凡人なんだからあきらめて、暗記モードになりましょうよ」と投げかけていることでしょう。

　ほんと、

暗記　イズ　キング

　そして、3つの戦略スウィッチを教えたところで、大切なことを伝授

させてください。

それは、

１つの問題に対して 複数の戦略スウィッチを使えるし、 使うのが大吉

ということです。もちろん、皆さんが直面する問題の種類によって、使いやすい戦略スウィッチ、使いにくい戦略スウィッチはあります。が、そもそも、問題解決や戦略思考は「答えのないゲーム」ですから、「この場面ではこの戦略スウィッチだけを使うのが正解」ということはありません。

だからこそ、「まずは、カインズっぽく考えてみると」「次は車の教習所っぽく考えてみようかな」といった感じで複数の戦略スウィッチを使いまくるのがベストです。

ですので、先ほどは、

> **Q. ある地方都市のタクシー会社の売上を伸ばすためにはどうしたらいいか？**

の問題を、「カインズっぽく考えてみると」で解説しました。今度は今回の戦略スウィッチ「車の教習所っぽく考えてみると」で考えてください。

皆さんも５分でいいので、「車の教習所っぽく考えてみると」だったよな。つまりは、どこがホームで、アウェイか？を考える。特に地理的／視覚的に「勝ちゲーム」か「負けゲーム」か？を詳らかにしていく思考パス、

というのを思い出しつつ、「当てはめるとどうなるか？」を楽しんでみてくださると成長が加速化できますし、僕としてもうれしい限りです。

▶ ここでしばらく考えてみよう。

ある地方都市のタクシー会社の売上を伸ばすためにはどうしたらいいか？を仮に、「車の教習所っぽく考えてみると」こうなりますよね。

どこがホームで、どこがアウェイか？を考えていくわけですから、ある地方都市、わかりやすく、仙台を想定してみると、

タクシーが勝つゲーム、ホームなのは、

- 駅から徒歩で15分以上かかる観光地に行くために使う、駅→観光地
- 荷物が多いことを想定すると、駅→宿泊施設、特に「高級」宿泊施設
- 「高級」宿泊施設から、駅、空港、そして、観光地

なので、少なくともこれらのエリアでは取りこぼしがないか？に注力して戦略を練る。
一方でそれ以外はアウェイになってしまうので、必然ではなく偶然乗るのを逃さないように薄く張る方向性で戦略を練る。

このように考えていくことになります。
「カインズっぽく考えてみると」と「車の教習所っぽく考えてみると」だと通る思考パスが異なりますよね。
このように、1つの問題に対して複数の思考パスをコンボすることで

より深く、面白く考えられるのです。

では、今回はこのくらいにしておきましょう。
最後にもちろん、大きな声で暗唱して終わりましょう。

「車の教習所っぽく考えてみると」

戦略スウィッチ04
「コインランドリー参入問題っぽく考えてみると」
＝生態系の変化に注目

これはそもそもめちゃくちゃ難しい問題でしたよね。

ゼロから浮かべるのはより難しいので、手っ取り早く暗記しちゃえばいい。

これぞ、「暗記する」戦略思考の真骨頂。

今回も簡単に定義をしてしまいましょう。

戦略スウィッチ04

「コインランドリー参入問題っぽく考えてみると」

「生態系がどう変わるか？」を考える。
特に、既存事業・「今」へのポジティブ、ネガティブな影響
を詳らかにする思考パス

これも、使いたくなりますね。

使えるように、暗記・暗唱でございます。

▶ **これを暗記！**

　今回のお題は、我々、セブンがコインランドリー事業に参入
した場合の課題を教えてほしい。で、どういう流れで解けばい
いか？というと、

コインランドリー事業が、既存のコンビニ事業にどのような影響をもたらすか？を考える。つまり、コンビニの今の「生態系」がどのようになっており、それが、コインランドリーが併設されることにより、どう変化するか？を捉えればいいことになりますよね。

そして、その変化のうち、特に解決できない「ネガティブ」な側面を抽出して、課題とすればいいですよね。

この思考パスをとっさに引き出すための「戦略スウィッチ」となるのが、このお言葉、

「コインランドリー参入問題っぽく考えてみると」

となるわけですよね。思考というのは「始めてしまえば」あとは流れるように考えられます。

あれと同じですよね。

昔ながらの湖に「ブラックバス」が勝手に放流されてしまったら、今までの美しき「生態系」が崩れ、今では、まったく違った生物が暗躍する湖になってしまった。

というのをビジネスに適用したのが、この考え方です。

そして、この考え方はビジネスに閉じた話ではありませんよね。

人生の大事な局面でも使えます。

例えば、

今回のお題は、

197

というのを考える時にも役立つのです。

実際にさらりとやってみますよ。

> 今回のお題は、付き合っている彼女と同棲した場合の課題を
> 教えてほしい、を仮に、「コインランドリー参入問題っぽく考え
> てみると」こうなりますよね。
>
> ・「彼」である自分は「今」どのような生活をしているか？
> を、丁寧に包み隠さず、詳らかにする。そのうえで、
>
> ・その生活に対して「同棲」はどのような変化をもたらしそう
> なのか？そして、そしてだ。
>
> ・その変化のうち、特に、ネガティブなものは何か？
> って、考えていけばいいですよね。

という感じですよね。

まさに、同棲なんてしたら、「生態系」は変わりますよね。

最後に、暗唱して終わりましょう。

「コインランドリー参入問題っぽく考えてみると」

ということで、今回はこのくらいにしておきましょう。

戦略スウィッチ05
「スギ花粉っぽく考えてみると」
＝利害関係者よ、全員集合

　この問題もものすごく、色々なことが学べた「一行問題」でしたよね。その中でも、この問題で最も学んでほしかった部分を「戦略スウィッチ」として括りだして、暗記していただきます。

　今回も簡単に定義をしてしまいましょう。

> **戦略スウィッチ05**
>
> ## 「スギ花粉っぽく考えてみると」
>
> 利害関係者を考える。
> ありとあらゆる登場人物の
> 「利害」を詳らかにする思考パス

　第1章では「ここまで広げて考えるんですか？」ってほど、考えましたよね。あれくらい徹底して利害関係者を洗い出すことで、本当の悩み、課題に近づけるというものです。
　今回も覚えられるように、「暗記する」戦略思考に昇華しておこうと思います。

　▶ **これを暗記！**

　　今回のお題は、このスギ花粉抑制薬の効果が実証済と仮定し

て、どのようにすれば、この薬が普及するか？を考えてください。で、どういう流れで、解けばいいか？というと、製薬会社が絶大な効能があるスギ花粉抑制薬を販売することにかかわる利害関係者を丁寧に挙げていく。それぞれにとって、プラスかマイナスかを明らかにし、仮に足を引っ張るプレイヤーがいたら、そこを重点的に解決していけばいい。

　利害関係者は、「スギ花粉抑制薬」を開発した製薬会社から始まり、アレグラFXなど「花粉症」に効く薬を開発した製薬会社、マスクなどを販売している製薬会社、「花粉症」の治療を行っている地元の病院、病院全体を仕切っていそうな医師会、診療報酬などを決めていそうな厚生労働省、長野県などのスギ林があるエリアの地方自治体、「花粉症」じゃない、その地方自治体に住む人、「花粉症」の患者さん、「スギ林を保有している」林業の方、ヘリコプター会社（撒布を受託する会社）となり、それぞれを丁寧に見ていけばいいわけです。

戦略思考に近道はありません。

答えのないゲームをしているわけですから。

むしろ、感覚的には、「なーんだ、利害関係者はこの11プレイヤーを見ればいいのね」と整理できるので、考えるエネルギーが湧いてきますよね。

ここで戦略スウィッチをアタマにしまう、使ううえでのコツを1つお教えしますね。

「スギ花粉っぽく考えてみると」を「利害関係者を考える」と抽象化しちゃうのは悪。

この戦略スウィッチ「スギ花粉っぽく考えてみると」でいえば、抽象

化してしまうと、利害関係者を考える、という覚え方となってしまいます。

しかし、この覚え方をしていると、実際のビジネスで思考がスパークしません。

だからこそ、「スギ花粉っぽく考えてみると」＝実際に解いた第１章での解説、少なくとも先ほどのサマリーを思い出し、この利害関係者は、「スギ花粉抑制薬」を開発した製薬会社から始まり、アレグラFXなど「花粉症」に効く薬を開発した製薬会社、マスクなどを販売している製薬会社、「花粉症」の治療を行っている地元の病院、病院全体を仕切っていそうな医師会、診療報酬などを決めていそうな厚生労働省、長野県などのスギ林があるエリアの地方自治体、「花粉症」じゃない、その地方自治体に住む人、「花粉症」の患者さん、「スギ林を保有している」林業の方、ヘリコプター会社（撒布を受託する会社）となり……。

というように、シツコイほどに丁寧に、つぶさに登場人物を洗い出したことを思い出し、丸ごと真似してほしいのです。

そうすることで、サチった＝飽和した思考の壁を越えることができるのです。

まだまだ、第２章も序の口ですから、これくらいにしておきましょう。

最後に締めとして、大きな声で叫びましょう。

「スギ花粉っぽく考えてみると」

さぁ、がんがんいきますよ！

戦略スウィッチ06
「打倒セブンっぽく考えてみると」
＝競合は敵に非ず

今回も簡単に定義をしてしまいましょう。

戦略スウィッチ06

「打倒セブンっぽく考えてみると」

「本当の競合は誰か？」を考える。
特に、目の前の敵が競合かを疑う思考パス

では、今回も覚えやすいようサマリーしておきますね。

▶ これを暗記！

　今回のお題は、業界第2位であるファミマ・サンクス連合が業界第1位であるセブン-イレブンを倒すための方策を考えてください。で、どういう流れで、解けばいいか？というと、

　一見、言葉尻を取ると、打倒セブンですから、「いかに、セブンよりいいコンビニになるか？」が論点となり、"セブンより"おいしい弁当を作る！とか考えがちだが、それが落とし穴。

　よくよく考えてみると、立地的に「セブンとファミマ」どちらに行こうかな？と悩むケースが限定的。では、誰との戦いに勝てば、結果としてセブンに勝てるのか？本当の競合は誰かといえば、そのファミマ・サンクスがある地域の商店街なのだ。

いかに、商店街に落とされているお金を奪うかのゲームであり、どう商店街の総菜屋さんに勝つか？スーパーに勝つか？を丁寧に考えていけばいいわけです。

となりますよね。この思考パスは「思わずハマってしまう」落とし穴発見の思考パスなので、覚えて、唱えないと避けられない。

ゆえに、本当に大事なんですよね。

同じ問題で、違う思考パスを使う感覚を覚えてほしいので、この問題で、さらりと、「打倒セブンっぽく考えてみると」を使ってみたいと思います。

> ## Q. ある地方都市のタクシー会社の売上を伸ばすためにはどうしたらいいか？

「カインズっぽく考えてみると」「車の教習所っぽく考えてみると」ときて、今度は「打倒セブンっぽく考えてみると」ですからね。戦略思考って、面白いものですよね。では、さらりと使い方を説明しておきます。

> ある地方都市のタクシー会社の売上を伸ばすためにはどうしたらいいか？を仮に、「打倒セブンっぽく考えてみると」こうなりますよね。
>
> ある地方のタクシー会社の売上を伸ばすための本当の敵は誰なのか？を考えていくわけだから、タクシー会社の敵は、他のタクシー会社じゃなさそうだ。
>
> だから、「タクシー」の車内や車をグレードアップして、他のタクシー会社より使ってもらうという戦いに溺れてはいけない。

公共交通機関との戦いは当然だ。バスに電車だ！安くて、時間も安定している彼らに対抗せねばならない。そして、レンタカーだ。旅行者が運転してしまったら、タクシーの出番が減ってしまう。あと忘れてはいけないのが、ホテルの駅までの「送迎バス」だ。

　　ホテルの「送迎バス」のタイムテーブルを読みきれば、タクシーが活きるタイミングはあるはず。加えて、いまどきの、レンタサイクルも競合になってくるだろう。

　　まだ時代が追い付いていませんが、時代が変われば、ライドシェアも敵になりかねませんよね。

　という感じで、目に見える競合だけでなく、本当の敵を見つける思考パスを繰り出せるよう今回も覚えておいてください。

　では、最後に大きな声で叫んでおいてください。

「打倒セブンっぽく考えてみると」

　さぁ、だいぶ手持ちの武器が増えてきました。

　少し休んできてくださいませ。

戦略スウィッチ07
「仏スーパーっぽく考えてみると」
＝調査の掟。
わかった後の構造分岐に愛を

　このスウィッチは戦略を立てるうえで不可欠な活動である「調べる」の質を高めてくれる戦略スウィッチ。これも暗記してしまいましょう。

　今回も簡単に定義をしておきましょう。この「戦略スウィッチ」に限った話ではありませんが、定義をしてはおりますが、この「定義」だけを覚えてもダメ、絶対。

　「定義」を覚え、「サマリー」を暗記し、そのうえで、「第1章」の解き方を丸ごと記憶してこそ、「暗記する」戦略思考になります。

戦略スウィッチ07

「仏スーパーっぽく考えてみると」

「わかった」後の行動を考える。
特に〇〇 VS 〇〇の形で
行動の分岐を軸とする思考パス

　この思考パスは調べるときに必ず出てくるわけですから、使う頻度も高い。

　では、今回も「暗記する」戦略思考ということで、覚えやすくしておきますね。

　今回のお題は、フランスの大手スーパーマーケットがネットスーパー事業に進出しようとしており、進出を判断するのにどんな情報が欲しいか？を考えてください。

　で、どういう流れで、解けばいいか？というと、意思決定をする社長が「あっちの方向に行くのか（X）」それとも、「こっちの方向に行くべきか（Y）」と悩む分岐が何かを洗い出し、その分岐を見定めるために必要なことを洗い出していけばよい。

　「ネットスーパー事業に参入すべき VS すべきでない」から始まり、ネットスーパーの位置づけとして「リアル店舗⇔ネットスーパーの関係は主従関係 VS 独立関係」、スーパー／ネットスーパーの市場環境、事業環境が「日本と同様 VS フランス独自」や、既存スーパーの位置づけとして「王者・シェア１位 VS ２番手・シェア２位以下」、展開範囲として「フランスのみ VS 欧州全域」も見定める必要がある。そして、最後に目標として株主からの期待値は「短期的＝２年」VS「中長期的＝３〜５年」。このように論点の持ち主である社長が悩む「分岐」を詳らかにし、そのために知りたいことを考えていけばよい。

実にパワフルですよね。
あえて、スウィッチを強化するのであれば、こうなります。

調べるときは、「仏スーパーっぽく考えてみる」

これも暗記しておくと便利です。
　調べるというのは本当に重要です。僕が身を置いていたコンサルティングとは何か？を簡単に言えば、

インプット→考える→アウトプット

です。すべての起点であるインプットこそ、「調べる」が活躍する部分。「記事検索」「事例調査」もそうですし、「アンケート」「インタビュー」もすべては「仏スーパーっぽく考えてみると」の出番となるわけです。

この「仏スーパーっぽく考えてみると」を叫ばないと、意識しないと、どういう「調べる」になってしまうか？をこの節の最後に書いて、締めたいと思います。「調べるときに陥りやすい罠」があるのです。

① 調べるお題をもらうやいなや、 グーグル検索を始めてしまう。

本当に意味がないですよね。それがわかったときに変わる行動が見えてないなら、やみくもに調べても、上司に「そんなことわかってどうするのさ」と嫌味を言われるだけになってしまいます。

② 調べるにあたり気にしていることは 「MECE」だけ。

これにハマっている人も多いですよね。MECE＝洩れなく、ダブりなくだけを気にして、ただひたすらに調査をしてしまう。当然、最も意識すべきことは「MECE」ではなく、「わかった後の行動」。「こっちの方向に進むか？はたまた、あっちの方向に進むか？」という行動は何で、その分岐を判断するために何を知りたいか？を考えないといけないですからね。

この2つの「罠」は気づかないうちにハマってしまいます。

誰もがハマってしまう「罠」だからこそ、今回の戦略スウィッチが重要となるわけです。

では、いつも通り、叫んで終わりましょうぞ。

「仏スーパーっぽく考えてみると」

戦略スウィッチ08
「QBハウスっぽく考えてみると」
＝ターゲットとの距離にご用心

さて、今回もよりビジネスで、日常で使えるように「スウィッチ化」してしまいましょう。

「QBハウスっぽく考えてみると」

では、簡単に定義をしてしまいますと、

> **戦略スウィッチ08**
>
> ### 「QBハウスっぽく考えてみると」
>
> ターゲットとの「距離」を考える。
> どの層がターゲットになりやすいか？
> の序列をつける思考パス

「距離」とは、これから提供しようとしているサービスや商品と、ターゲットとの相性である。

その「距離」を意識して、戦略を練ってほしいということである。

では、今回もサマリーしてしまいます。

▶ これを暗記！

今回のお題は、駅近で男性ビジネスパーソンを対象に床屋を

やっているQBハウスから、利益を増やしたいと相談を受けました。で、どういう流れで、解けばいいか？というと、QBハウスとターゲット層との距離、つまり、誰がより使ってくれなさそうか？の序列を考え、それぞれにQBハウスをどう使ってもらうか？を考えていけばよい。

　使ってくれなさそうな順で言えば、

- 1位　美容院に行く女性、特に若者
- 2位　美容院に行く男性、特に若者
- 3位　美容院に行っておられるシニア女性
- 4位　子ども！子ども！子ども！
- 5位　巷の「散髪屋さん」に行っているおじさん

　となり、それぞれについて丁寧に「なぜ、使ってくれないか？」を考える。それを踏まえて、「どうそれを解消するか？」を考えていけばよい。

となりますよね。
　「ターゲットの序列」を考える思考パスを、こう言い換えることもできます。

クイックヒット　からの　ホームラン

　クイックヒットというのは、短期的に効果が出るが、インパクトはそこそこの打ち手を指す。
　一方で、ホームランは、効果が出るにはそれなりに時間がかかるが、出ればインパクトが大きい打ち手を指す。

QBハウスの話でいえば、ターゲットの中で最も距離がある「美容院に行く女性、特に若者」を狙うとなると、当然、大技になる。でも、取れたら、QBハウスの第二創業と呼べるほどインパクトは大きい。まさに、「ホームラン」にあたります。

一方で、巷の「散髪屋さん」に行っているおじさんは今もコアターゲットであり、ココを狙うとなれば、「取りこぼしをなくす」イメージとなる。

大きなインパクトはないが、着実な打ち手を練ることになる。これぞ、「クイックヒット」にあたる。このように、「QBハウスっぽく考えてみると」はターゲットとの距離で思考を深めつつ、結果的に、クイックヒットからホームランを考えられる思考でもあるのだ。

いろいろな戦略スウィッチが出てきますよね。

繰り返しになりますが、皆さんが難題に直面したとき、決して、「どの戦略スウィッチがベストか？」という思考はしないでください。

それはチガイマス。

そうではなく、「まずは、この戦略スウィッチを使ってみよう。その次はあれを使ってみよう」と、楽しみつつ、思考を深めるのが大正解です。お気をつけくださいませ。

今回はこのくらいにしておきます。

では最後に、暗唱して、終わりましょう！

「QBハウスっぽく考えてみると」

では、次にいきましょう！

2-9

戦略スウィッチ09
「定員割れ大学問題っぽく考えてみると」
=論点思考と、フチドリ思考

もう9個目ですから、「暗記する」戦略思考にも慣れてきたことでしょう。では、今回も最初に簡単に定義から始めましょう。

戦略スウィッチ09

「定員割れ大学問題っぽく考えてみると」

「何が問われているか？」を考える。特に、
「〇〇ではなくて、□□」にて論点を噛みしめる思考パス

そうそうそう、たしかに、第1章でこの問題の解説を読んだときに、「〇〇ではなくて、□□」を繰り返していたはず。
その思考パスでございます。

今回も暗記しやすいように、第1章で解いた思考をサマリーしたいと思います。

▶ **これを暗記！**

今回のお題は、最近、私立大学は少子化の影響で経営が厳しい、ほどほどに知名度のある都内の大学。この定員割れの大学が中長期でどうすれば、経営状態がよくなると思うか？の相談を受けた。

212

で、どういう流れで、解けばいいか？というと、

勢いよく考え始める前に、「何が問われているか？」を考えたい。

まず「人気の大学」ではなく「定員割れの大学」。次に「短期」ではなく「中長期」。

さらに「売上を伸ばす」ではなく、「経営状態をよくする」。この違いを意識して、クライアントの論点を噛みしめることから始めればよい。

この戦略スウィッチは、どんな問題でも必ず、やってほしい。

『HUNTER×HUNTER』（集英社）でいうと、戦うときに常に「凝（ギョウ）」をしてほしい感じだ（『HUNTER×HUNTER』を読んでない方は、いますぐ、本を閉じて、『HUNTER×HUNTER』の世界へGO！）。

ですので、戦略スウィッチ01「大学1年生の英語留学っぽく考えてみると」に別名として「リアリティ・スウィッチ」というのがあるように、この思考もウルトラ大事なので、こちらにも別名があります。

第1章でも登場しました。覚えていますか？

僕はこう呼んでます。

フチドリ思考

フチドリ思考とリアリティ・スウィッチは常にオンにしておいてください。フチドリ思考は本当に大事ですので、練習してもらいたいと思います。

まずは、この問題で使ってみてください。

Q. 新幹線の車内のコーヒー販売の売上を伸ばしてください。

僕が教えている「考えるエンジン講座」でもたまに使っているお題。このお題はフチドリ思考や、リアリティ・スウィッチだけでなく、色々なアタマの使い方を教えるのにいい問題なんですよね。

　では、皆さん、フチドリ思考してみてください。

▶ここでしばらく考えてみよう。

　もう、おわかりですよね。
　こうなります。

　今回のお題は、新幹線の車内のコーヒー販売の売上を伸ばしてください。で、どういう流れで、解けばいいか？というと、まず、「利益ではなくて売上」。その違いによって今後の検討が変わりますからね。

　次に、「在来線ではなく、新幹線」。これで、乗客も乗っている時間も変わってきますよね。直感的に新幹線のほうが乗客は、どんな人たちか？読みやすく、戦略が練りやすそうですよね。

　最後に、「お弁当じゃなくて、コーヒー」「ビールではなくて、コーヒー」ですよね。

　今回のターゲットとなる「コーヒーとはどういうものなのか？」を噛みしめるのは大事ですよね。

　これらの違いを意識して、検討していくことになります。

　フチドリ思考はいつでも使えるので意識しておくと、いい戦略思考ができますよ。ちなみにですけど、この問題に、リアリティ・スウィッチ＝「大学1年生の英語留学っぽく考えてみると」を使ってみると、どうなるか？もやってみましょう。

今回のお題は、新幹線の車内のコーヒー販売の売上を伸ばしてください。で、どういう流れで、解けばいいか？というと、「大学1年生の英語留学っぽく考えてみると」新幹線について、もう一段、自分勝手に状況などを置いてみることからスタートしたい。

東京—新大阪間の「のぞみ」、時間帯で分けると、朝はサラリーマン。午後イチのミーティングに向かって、新聞を片手に乗車している。昼は、ファミリーの帰省や旅行の移動。夜は関西方面に家があり、家に帰る感じ。といったん置き、彼ら、彼女らが「なぜ、新幹線の車内でコーヒーを買わないか？」の原因を詳らかにし、その後、打ち手を考えていけばよい。

となりますよね。

このように、ほんとに、このコンボは最強なんです。

リアリティ・スウィッチ×フチドリ思考

そして、ひと休みがてら、皆さんが、覚えているか？みんな大好き確認テストをしたいと思います。

戦略スウィッチのお名前を書きますので、定義を思い出して、叫んでみてください。

では、頑張ってみてください。

「大学1年生の英語留学っぽく考えてみると」

(別名：＿＿＿＿＿＿＿＿＿＿＿)
＿＿＿＿に考えること。
特に、＿＿＿＿＿＿＿＿＿＿＿＿＿思考パス

戦略スウィッチ02

「カインズっぽく考えてみると」

＿＿＿＿＿＿＿＿＿を考える。
特に、＿＿＿＿＿＿＿＿＿＿＿＿＿＿＿
「＿＿＿＿＿＿」を詳らかにする思考パス

戦略スウィッチ03

「車の教習所っぽく考えてみると」

＿＿＿＿＿＿＿＿＿＿＿＿＿＿＿を考える。
特に＿＿＿＿＿＿＿に「勝ちゲーム」か
「負けゲーム」か？を詳らかにしていく思考パス

戦略スウィッチ04

「コインランドリー参入問題っぽく考えてみると」

「＿＿＿＿＿＿＿＿＿＿」を考える。

特に、＿＿＿＿＿＿＿＿＿＿＿＿＿＿＿＿＿

を詳らかにする思考パス

戦略スウィッチ05

「スギ花粉っぽく考えてみると」

＿＿＿＿＿＿を考える。

ありとあらゆる登場人物の

「＿＿＿」を詳らかにする思考パス

戦略スウィッチ06

「打倒セブンっぽく考えてみると」

「＿＿＿＿＿＿＿＿＿」を考える。

特に、＿＿＿＿＿＿＿＿を疑う思考パス

戦略スウィッチ07

「仏スーパーっぽく考えてみると」

「＿＿＿＿＿」後の行動を考える。

特に＿＿＿＿＿＿＿で

＿＿＿＿＿＿を軸とする思考パス

戦略スウィッチ08

「QBハウスっぽく考えてみると」

ターゲットとの「＿＿」を考える。

＿＿＿＿＿＿＿＿＿＿＿＿＿＿＿＿＿＿＿

の序列をつける思考パス

戦略スウィッチ09

「定員割れ大学問題っぽく考えてみると」

（別名：＿＿＿＿＿＿）

「＿＿＿＿＿＿＿＿＿＿」を考える。特に、

「＿＿＿＿＿＿＿＿＿＿」にて論点を噛みしめる思考パス

▶ では、解答です。ぜひ、これを機会に暗記しなおしてみるといいですよ。

「大学1年生の英語留学っぽく考えてみると」

（別名：<u>リアリティ・スウィッチ</u>）

<u>リアル</u>に考えること。

特に、<u>自分勝手に状況などを置く</u>思考パス

「カインズっぽく考えてみると」

<u>誰が敵なのか？</u>を考える。

特に、<u>消費者／ユーザーがお金を使うまでの</u>「<u>分岐（＝VS）</u>」を詳らかにする思考パス

「車の教習所っぽく考えてみると」

<u>どこがホームで、アウェイか？</u>を考える。

特に<u>地理的／視覚的</u>に「勝ちゲーム」か「負けゲーム」か？を詳らかにしていく思考パス

第2章　「暗記する」戦略思考のスウィッチ化　ビジネス・人生で「唱える」準備をする

「コインランドリー参入問題っぽく考えてみると」

「生態系がどう変わるか？」を考える。

特に、既存事業・「今」へのポジティブ、ネガティブな影響
を詳らかにする思考パス

「スギ花粉っぽく考えてみると」

利害関係者を考える。

ありとあらゆる登場人物の
「利害」を詳らかにする思考パス

「打倒セブンっぽく考えてみると」

「本当の競合は誰か？」を考える。

特に、目の前の敵が競合かを疑う思考パス

「仏スーパーっぽく考えてみると」

「わかった」後の行動を考える。

特に○○VS○○の形で

行動の分岐を軸とする思考パス

「QBハウスっぽく考えてみると」

ターゲットとの「距離」を考える。

どの層がターゲットになりやすいか？

の序列をつける思考パス

「定員割れ大学問題っぽく考えてみると」

（別名：フチドリ思考）

「何が問われているか？」を考える。特に、

「○○ではなくて、□□」にて論点を噛みしめる思考パス

では、最後に、今回は全部を暗唱して、締めることにしましょう！

「大学１年生の英語留学っぽく考えてみると」
「カインズっぽく考えてみると」
「車の教習所っぽく考えてみると」
「コインランドリー参入問題っぽく考えてみると」
「スギ花粉っぽく考えてみると」
「打倒セブンっぽく考えてみると」
「仏スーパーっぽく考えてみると」
「QBハウスっぽく考えてみると」
「定員割れ大学問題っぽく考えてみると」

では、今回はここまでとします。
戦略スウィッチのご紹介はここで終わりません。
もう少し、いきますよ。

戦略スウィッチ10
「フェルミ推定っぽく考えてみると」
＝フェルミ推定から始める「75点」思考

戦略を練るうえで、「1つの」武器になる思考パスが、フェルミ推定ですよね。

まずは、いつも通り、簡単に定義してしまいたいと思います。

戦略スウィッチ10

「フェルミ推定っぽく考えてみると」

「因数分解から」考える。
特に、因数分解で自然とMECEを担保する思考パス

今回も簡単にサマリーしてしまおうと思います。

▶ これを暗記！

今回のお題は、業界第2位のパーソナルジムチェーンの売上を伸ばすためにはどうしたらよいか？を考えてください。で、どういう流れで、解けばいいか？というと、売上の因数分解から始めます。

売上＝［チェーン店の数］×［1店舗の売上］からスタートし、さらに、細かく分解していくと、

売上＝［チェーン店の数］×［トレーナーの数］×［１日の
レッスンコマ数］×［"埋まり率"］×［１回のレッスン単価］
×［営業日数］になりますよね。この因数毎に「それの値が期
待まで到達していない原因」とその打ち手を順次考えていくこ
とになります。

　という感じの解き方になります。
　コンサル転職のケース対策などでよく見かける解き方でもありますよ
ね。

　戦略を練るうえで「１つの」武器になる、思考パスになるのが、フェ
ルミ推定ですよね。お気づきになられたと思いますが、この

「１つの」武器になる

　というのが大事な意味を持っております。その意味するところを説明
して、この節を締めたいと思います。

　モノゴトを考える、それこそ、戦略を考える時には、大きく２つの方
向性というか、流派があります。

　１つ目は今回、この本で紹介している「リアリティ」＝いかに具体的
に考えるか？を軸足にした考え方です。
　最も象徴的なのが、リアリティ・スウィッチですよね。自分勝手に状
況などを置く。まさに、この流派の真骨頂でございます。
　具体的に考えることを重視する分、僕が嫌いなMECEとか構造化など
は後回しにして、「深く」を追究する。

　２つ目は、「分解、MECE」＝いかにMECEに考えるか？を軸足にし

た考え方です。

　最も象徴的なのがフェルミ推定ですよね。まずは因数分解していく。まさに、この流派の真骨頂でございます。

リアリティ VS MECE

　という感じで覚えていただき、どちらも使えるようになってほしい。あえてスタンスをとった説明をすれば、

「リアリティ（前者）」のほうは、難度は高いが、120点を狙える思考パス。

一方で、「MECE（後者）」のほうは、75点が関の山だが、安定して点を取りやすい思考パス。

　という二項対立で整理できます。

　お気づきかと思いますが、本書は、難度が高い「リアリティ」のほうの戦略思考を伝授させてもらっております。後者については、もうお読みかと思いますが、『ロジカルシンキングを超える戦略思考 フェルミ推定の技術』『「フェルミ推定」から始まる問題解決の技術』（共にソシム）をお読みください。

　何事も１つだけしかできないと、限界がありますし、柔軟性に欠けます。だからこそ、２つ以上使いこなせることが大事です。

　では、今回はここまでとしましょう。

　最後に、叫んでおきます。

「フェルミ推定っぽく考えてみると」

さぁ、さらなる高みに登っていきましょう！

2-11

戦略スウィッチ11
「すごい素材っぽく考えてみると」
=「条件分岐」を思考の
先頭に持ってくる美学

戦略スウィッチも11個目ともなると、慣れてきたはず。
では、今回も簡単に定義してしまいます。

戦略スウィッチ11

「すごい素材っぽく考えてみると」

「条件分岐」を考える。
特に、戦略の方向性が変わる条件を見極める思考パス

　この戦略スウィッチは考え始めるときにフルスロットで使うべきですね。

　では、今回も暗唱しやすくするためにサマリーをしておきます。

▶ **これを暗記！**

　今回のお題は、とある衣料品メーカーのすごい素材でできたストッキングの価格も含めた戦略を考えてください。で、どういう流れで、解けばいいか？というと、戦略の分岐を見定めること。

　だから、今回でいえば、この衣料品メーカーにとっての「ス

トッキング」の位置づけ。「衣料品メーカーがストッキングを製造・販売しているかどうか？」「既存のストッキング事業が会社の主力か？」により、戦略は大きく異なる。その分岐を意識して、それぞれ丁寧に価格付けをしていけばよい。

この「すごい素材っぽく考えると」はいわば、バカまっしぐらのように、思考を始めてしまうことを防ぐストッパーとしての役割があります。

この問題でいえば、「価格を決めなければいけないと焦って計算を始める」気持ちを抑え、より深く考えるために、思考の分岐を見定める時間を取ることになりますよね。

この思考パスはビジネスだけでなく、日常でも使えますよね。

Q. 仕事を通じて仲良くなった女性とどのお鮨屋さんに行くか？

とします。せっかくのデートですから、バシッと決めたいと思い、「お鮨屋さん、お鮨屋さん」と食べログ検索まっしぐらになってはいけないということになりますよね。

そんな時に、この「すごい素材っぽく考えてみると」を呟くことで、「ちょっと待てよ。考えるうえで、何か、大きな条件分岐はないか？」を思考することになります。

仕事を通じて仲良くなった女性とどのお鮨屋さんに行くか？で、どういう流れで、解けばいいか？というと、「すごい素材っぽく考えてみると」何か条件分岐はないか。

「カウンターのお鮨屋さんに慣れているかどうか？」慣れているならどこでもいいけど、慣れていないなら、席が少ない／

親方が怖くないほうがいい。あ、そうだ、もし、ワサビが苦手
だったりしたら、色々お願いしやすい常連のとこがいいし、そ
ういうのがなければ、その女性が家に帰りやすいところがいい。
など、考えるうえでの分岐を捉えてから、食べログで調べれば
いいよね。

というように、深く考える、面白く考えるためには、「がむしゃらに思
考する」前に、取返しのつかない分岐がないか？を見定める必要があり
ますよね。

ということで、今回はここまでにしたいと思います。

では、最後にいつも通り、叫んで終わりたいと思います。

「すごい素材っぽく考えてみると」

では、今回はここまで！
皆さん、引き続き暗記してください。

戦略スウィッチ12
「年間パスポートっぽく考えてみると」
＝「そのまんま」思考、易きに流れない

みんな大好き、ディズニーランドのお話なので、暗記しやすいはずです。第1章では「今のまんま」をキーワードに戦略を作りましたよね。それを戦略スウィッチ化します。

この戦略スウィッチを一言で言えば、

易きに流れないために。

第1章で自分で解いたときに、「年間パスポートに特典をつけちゃった」人に贈る戦略スウィッチであります。

では、簡単に定義を書いておきます。

戦略スウィッチ12

「年間パスポートっぽく考えてみると」

「最も難しく」考える。特に、飛び道具に頼るなど
もっての外で「そのまんま」を前提とする思考パス

そうなんですよね。モノゴトを考えるとき、安易に広告を打ちましょう、M&Aをしましょう！としてしまう。そのような、戦略・戦術は「飛

び道具」と呼ばれています。ほんと、そういうのに飛びついた瞬間、思考は浅くなりますからね。

　使い方をよりつかんでもらうためにあえて、この話をしたいと思います。
　例えば、こう女性に相談されたとします。

> ### Q.　彼氏ができるために、どうしたらよいかな？

　こういうときに、安易に飛び道具に飛びついてしまった返しがこれですよね。

> 　であれば、「整形する」というのはどう？私は整形ってありだと思っているのだけど。

　整形自体の賛否はさておき（ちなみに僕は弟子に美容外科医もいるからかもしれませんが賛成派）、これに飛びついてしまうと思考が浅くなってしまう。
　ので、こういうときに、「年間パスポートっぽく考えてみると」を使ってほしいのだ。

> 　彼氏ができるために、どうしたらよいかな？で、どういう流れで、解けばいいか？というと、
> 　「年間パスポートっぽく考えてみると」を前提として、「整形」などドラスティックな打ち手を講じず、「今の延長線上」のあな

たをいかにモテさせるか？を考えることにしましょう！

　このように、「最も難しく」考えることを癖にするだけで、思考を深くできますからね。
　「リアリティ・スウィッチ」や「フチドリ思考」と同じように、思考のスタートで使うことを意識すれば大吉です。

　今回は短めですが、これくらいにしておきましょう！
　いつも通り、記憶に残すために、叫んでください。

「年間パスポートっぽく考えてみると」

　では、今回はここまでとなります。

　気づけば、戦略スウィッチも12までできてしまいましたね。
　ただし、戦略思考は暗記しないと始まりませんので、先ほど戦略スウィッチ9のところで出したクイズ形式で、12まで出しておきます。ぜひ、やってみてください。

　戦略スウィッチのそれぞれ定義を思い出して、叫んでみてください。
　では、頑張ってみてください。

戦略スウィッチ01

「大学1年生の英語留学っぽく考えてみると」

(別名：＿＿＿＿＿＿＿＿＿＿)

＿＿＿＿＿に考えること。

特に、＿＿＿＿＿＿＿＿＿＿＿＿＿＿＿思考パス

戦略スウィッチ02

「カインズっぽく考えてみると」

＿＿＿＿＿＿＿＿＿＿＿を考える。

特に、＿＿＿＿＿＿＿＿＿＿＿＿＿＿＿＿＿＿＿

「＿＿＿＿＿＿」を詳らかにする思考パス

戦略スウィッチ03

「車の教習所っぽく考えてみると」

＿＿＿＿＿＿＿＿＿＿＿＿＿＿＿＿＿を考える。

特に＿＿＿＿＿＿＿＿に「勝ちゲーム」か

「負けゲーム」か？を詳らかにしていく思考パス

戦略スウィッチ04

「コインランドリー参入問題っぽく考えてみると」

「＿＿＿＿＿＿＿＿＿＿＿＿」を考える。

特に、＿＿＿＿＿＿＿＿＿＿＿＿＿＿＿＿＿＿＿

を詳らかにする思考パス

「スギ花粉っぽく考えてみると」

_____を考える。

ありとあらゆる登場人物の

「　　」を詳らかにする思考パス

「打倒セブンっぽく考えてみると」

「_____」を考える。

特に、_____を疑う思考パス

「仏スーパーっぽく考えてみると」

「_____」後の行動を考える。

特に_____で

_____を軸とする思考パス

「QBハウスっぽく考えてみると」

ターゲットとの「　　」を考える。

_____

の序列をつける思考パス

戦略スウィッチ09

「定員割れ大学問題っぽく考えてみると」

(別名：＿＿＿＿＿＿＿)

「＿＿＿＿＿＿＿＿＿＿＿」を考える。特に、

「＿＿＿＿＿＿＿＿＿＿＿」にて論点を噛みしめる思考パス

戦略スウィッチ10

「フェルミ推定っぽく考えてみると」

「＿＿＿＿から」考える。

特に、＿＿＿＿で自然と＿＿＿＿を担保する思考パス

戦略スウィッチ11

「すごい素材っぽく考えてみると」

「＿＿＿＿」を考える。

特に、＿＿＿＿＿＿が変わる条件を見極める思考パス

戦略スウィッチ12

「年間パスポートっぽく考えてみると」

(別名：＿＿＿＿＿＿)

「＿＿＿＿」考える。特に、飛び道具に頼るなど

もっての外で「＿＿＿＿」を前提とする思考パス

▶ では、解答です。ぜひ、これを機会に暗記しなおしてみるといいですよ。

「大学1年生の英語留学っぽく考えてみると」

(別名：リアリティ・スウィッチ)

リアルに考えること。

特に、自分勝手に状況などを置く思考パス

「カインズっぽく考えてみると」

誰が敵なのか？を考える。

特に、消費者／ユーザーがお金を使うまでの

「分岐（＝VS)」を詳らかにする思考パス

「車の教習所っぽく考えてみると」

どこがホームで、アウェイか？を考える。

特に地理的／視覚的に「勝ちゲーム」か

「負けゲーム」か？を詳らかにしていく思考パス

「コインランドリー参入問題っぽく考えてみると」

「生態系がどう変わるか？」を考える。

特に、既存事業・「今」へのポジティブ、ネガティブな影響

を詳らかにする思考パス

戦略スウィッチ05

「スギ花粉っぽく考えてみると」

利害関係者を考える。
ありとあらゆる登場人物の
「利害」を詳らかにする思考パス

戦略スウィッチ06

「打倒セブンっぽく考えてみると」

「本当の競合は誰か？」を考える。
特に、目の前の敵が競合かを疑う思考パス

戦略スウィッチ07

「仏スーパーっぽく考えてみると」

「わかった」後の行動を考える。
特に〇〇VS〇〇の形で
行動の分岐を軸とする思考パス

戦略スウィッチ08

「QBハウスっぽく考えてみると」

ターゲットとの「距離」を考える。
どの層がターゲットになりやすいか？
の序列をつける思考パス

「定員割れ大学問題っぽく考えてみると」

(別名：フチドリ思考)

「何が問われているか？」を考える。特に、

「○○ではなくて、□□」にて論点を噛みしめる思考パス

「フェルミ推定っぽく考えてみると」

「因数分解から」考える。

特に、因数分解で自然とMECEを担保する思考パス

「すごい素材っぽく考えてみると」

「条件分岐」を考える。

特に、戦略の方向性が変わる条件を見極める思考パス

「年間パスポートっぽく考えてみると」

(別名：そのまんま思考)

「最も難しく」考える。特に、飛び道具に頼るなど

もっての外で「そのまんま」を前提とする思考パス

では、最後の最後はやっぱり、全部を暗唱して、締めることにしましょう！

「大学1年生の英語留学っぽく考えてみると」
「カインズっぽく考えてみると」
「車の教習所っぽく考えてみると」
「コインランドリー参入問題っぽく考えてみると」
「スギ花粉っぽく考えてみると」
「打倒セブンっぽく考えてみると」
「仏スーパーっぽく考えてみると」
「QBハウスっぽく考えてみると」
「定員割れ大学問題っぽく考えてみると」
「フェルミ推定っぽく考えてみると」
「すごい素材っぽく考えてみると」
「年間パスポートっぽく考えてみると」

第2章はこれでおしまいとなります。

では、最終章、第3章にいきましょう。第3章では、第2章で習った12の戦略スウィッチを俯瞰して、「このタイミングで使う！」というのを整理してしまおうと思います。

大事なことなので何度でも繰り返しますが、本章で記述しているのは、

あくまで使い方の一例であって、
「常に全部を使ってみる」メンタリティが大事。

使い方を規定してしまうと「その時だけ使えばいいじゃん」と使い方の幅が狭まることで、結果として、思考がルーティン化してしまう恐れがありますからね。

簡単に言えば、

全部、「丸暗記」しちゃって、
いつでもどこでも使ってください。

ということとなります。

重厚な「第1章」を潜り抜けてきたからこそ、
爽快な「第2章」だったはず。
本当にお疲れ様でした！最高だよ！皆さん！

では、丸暗記した「戦略スウィッチ」を、第3章で、実戦で使いやすくアタマの中にしまってくださいませ。「こういう時は、これだ！」というインデックスを作る章となります。

第3章
「暗記する」
戦略思考
マップ

怒濤の勢いでここまで来ましたので、
第3章で整えます。

サウナを例にすれば、
「サウナ」の中で、汗だくだくになった第1章。
「水風呂」で、何とも言えず、爽快感な第2章。
「椅子」に座り、外気浴でまさに整える第3章。

外気浴で整ったら、
もう一度、サウナに入り、
このサイクルを3回繰り返す。

サウナと同じように、
この本も第3章で一度整ったら、
再度、第1章に戻って、読み直してほしい。

その時に、新たな発見というか、
本当に体得できます。

「サウナ」があるから、「水風呂」が活き、
「水風呂」を通り抜けるから「椅子」が最高に。

ですので、もし、第1章、第2章をサボったなぁと
お感じの素直な皆さんは
ココで最初のページに戻るのも
アリでございます。

「整えます」が、これだけはお忘れなく

先割れスプーンは
カツカレー用に非ず

第3章のテーマは「整う、整える」ですから、ここまでの内容を整理し、日常で、仕事で使いやすくすることが目的となります。

第3章第6節「『暗記する』戦略思考マップ　12の戦略スウィッチの使いドコロ」にて、「こういう所でよく使われるよ！」と整理しきります。

が、忘れてほしくないことがあります。忘れてはならないことがあります。

それは、第1章、第2章で伝授させていただいた「戦略スウィッチ」はいつでも、どんなシチュエーションでもどれか1つではなく、「全部使ってやるぜ」のメンタリティを忘れてほしくない、ということ。

例えば、リアリティ・スウィッチは「モノゴトを考える時の先頭に使うことが多いもの」と教えてしまう、整理してしまうと、思考の道中で使わなくなります。それが人間というもの。

これが「構造化」の罠といいますか、使い方を規定することの弊害です。

くれぐれも、その罠にハマらないように覚えておいてください。

習った・丸暗記したことは
「いつでも、全部、使うこと」を忘れない。

この話をするときに毎回、例に出しているのが「先割れスプーン」です。見出しにも入っている、僕らの「先割れスプーン」。

先割れスプーンというのは、文字通り、先の割れたスプーンで、スプーンのよさを存分に残しつつも、少しだけ、フォークの役割も付加した画期的なものです。

そんな「先割れスプーン」を手にしたときに、こう説明されたとします。

フォークはパスタ。スプーンはカレー。
先割れスプーンはカツカレー！に使う。

と説明を受けたとします。

そうすると、当然、アタマの中にはこうセットされますよね。

先割れスプーン＝カツカレー

一度そのようにインプットされてしまうと、カツカレー以外の時は先割れスプーンを使いづらくなってしまいます。

ってか、使いませんよね。

同じ話で、「この戦略スウィッチはこの時によく使うよ！」と説明されると、人間はおろかなもので、先割れスプーン同様に、それ以外に使わなくなってしまうのです。しかも、戦略スウィッチは目に見えないので、余計、その罠にハマりやすい。

何か料理に直面したとき、フォーク・スプーン・
先割れスプーンを用意し、使ってみてほしい。

そう、つまり、

何か問題に直面したとき、すべての「戦略スウィッチ」をアタマの中に用意し、使ってみてほしい。

　整理したほうが使いやすいけど、使い方が限定的になる恐れあり VS 使うハードルは上がるけど、使いこなせたときの破壊力が増す、の二項対立への挑戦でもあります。

　僕的には皆さんに「破壊的な」思考力を授けたいので、よろしくお願いしますぜ。

「本書の使い方」というか、この単位で「丸暗記」

凡人が天才に勝つ方法

「暗記」は、凡人を天才にする唯一の方法

受験勉強を過ぎ去ると、ほとんどの方は「暗記」をしなくなります。それどころか、「暗記はダサい」とまで思ってしまいがちです。

気持ちはわかります。

何かを習うとき、さらさらっと話を聞いただけで、理解し、さくっとできちゃう。

確かにカッコいいが、そんなことはできない。到底そんな奇跡はおきません。

そして、その習うことが「目に見えないこと」だとなおさら、さらさらっと話を聞いただけ、読んだだけで習得するのは難儀です。

もし、Excelシートなどのように「目に見えること」であれば、「暗記」に拘らなくてもいいのです。なぜなら、

何か間違ったことをしたとき、ちゃんと目の前でわからせてくれるから。

皆さんも体験済みと思いますが、1列に並ぶおびただしい、

#N/A

#N/A

#N/A

#N/A

#N/A
#N/A

これは最高なことで、何かを学ぶとき、新しく習ったことを使ったときに、非常にありがたいことなのです。

間違いに気づかせてくれるから。

しかし、今回の本のテーマである、戦略思考をはじめとする「考える力」を習うときにやっかいなのはそこにあります。「間違って」使った時に、

間違いに気づかせてくれないから。

ですので、自分の中で「正しいか、間違っているか」を判断する拠り所となる教科書をしっかり持たないと、習得に至りません。
だからこそ、本書のテーマである戦略思考を本気で習得するには、

暗記なんです。丸暗記なんです。

過去の僕の著書「タカマツボン」を読んでくれている方ならおわかりだと思いますが、本当に、僕は暗記の力を信じています。
今回はどう暗記してほしいか？をお教えします。

この単位で、まずは、「戦略スウィッチ」を12セット覚えてください。

「大学1年生の英語留学っぽく考えてみると」

（別名：リアリティ・スウィッチ）

リアルに考えること。

特に、自分勝手に状況などを置く思考パス

▶ これを暗記！

今回のお題は、大学1年生が、英語留学を考えています。留学先に相応しい国はどこか？を考えてみてください。で、どういう流れで、解けばいいか？というと、「大学1年生」のまま考えず、具体的に背景や状況を置いて考えていけばよい。

例えば、早稲田大学の1年生でテニスサークルに入り、夏はサークル合宿。空気的にも、自分的にも友達を作るうえで行きたい。そして、英語留学に向けて、親の助けも借りるけど、自分的にもバイトでお金を貯める期間を考えると、大学1年生の終わりの冬・春休みが現実的。

と、具体的にイメージして、考えていけばいいよね。

上の定義だけではなく、下の文章まで覚えてください。

ここまで覚えきってしまうと、天才を超えられます。

そして、覚えてしまえば、人間というのは面白いもので、

覚えたものは使いたくなる生き物

そして、もう1つ大事なのが、「習いたて、覚えたて」の段階では、正しいタイミングですぐに使えるようにはなりません。

ですので、この学ぶサイクルを忘れないでください。

不自然に使う。無駄に使う。
思い立ったら使う。

このくらいでちょうどよいのです。使う過程で、違和感を発生させ、進化していくものですからね。

いままでの「考える力」を教える思考本は、抽象的な話から始まりますよね。

そして、「理解」を促します。でも、皆さんも、うすうす感じていたと思いますが、

無理があります。
そんな抽象的なことを学んだところで、
考える力を育てる、変えるには無理がある。

だからこそ、この本の構成で「戦略思考」を伝授することにしております。

第1章で「具体」の話にどっぷりつかってから、第2章、第3章で「抽象」の世界へ。

そんなに簡単に天才になれるほど甘くないですからね。

だから、暗記なんですよ。

そんな思いを込めて、この本のタイトルとなるわけです。

「暗記する」戦略思考

そして、「暗記する」時にこれをすれば、もっと暗記しやすくなります。

それは、

「唱える」、思考するときに物理的に声を出す。

何かモノゴトを深く、面白く考えたいときは「悶々」とするのではなく、積極的に「唱える」。

今回習った戦略スウィッチを声に出すのが大事です。

ドラクエと同じでございます。

心の中で「ホイミ」と思っても何も起こらない。

声に出し、拳を突き上げて「ホイミ」と唱えないと。

「思考体力」からの「思考の瞬発力」
第3章の存在意義

さて、暗記について熱弁をふるったあとはこの話。

「思考体力」からの「思考の瞬発力」

思考体力というのは、「いかに同じことを考え続けられるか？」というもので、本書で紹介した題材もきっと、スキルとして考える力がないと、それこそ、5分でサチってしまったはず。

そう、飽きてしまったはずです（ちなみに、"サチる"という奇妙な言葉は、「飽和する」＝saturateからつくられた造語で、saturateするで、"サチる"となります。BCGで使われてましたけど、今、考えると変）。

でも、次から次へと考える切り口が浮かべば、飽きることはないし、ひたすらそれを考えたくなる。それが思考体力です。

つながってきますよね。

そう、この思考体力をつけるために＝より深く、面白く考えるために必要になる戦略スウィッチを覚えてもらったのです。

何か考えることに飽きてしまったら、第2章で解説した12個の「戦略スウィッチ」を1つずつ、使っていけばいいというメンタリティ

今回はこれから使ってみよう。その次はこれを、という感じでね。

なので、第3章まで来てくださった皆さんは、あとは完璧に暗記してしまえば、圧倒的な「思考体力」がばっちりつくことになります。

そこまで来たら、次に来るのは、

「思考の瞬発力」を磨くステージ。

思考の瞬発力は、ミーティングなど「その場」でぱっと、瞬間的に切れ味の鋭いこと、面白いことを言うスキルになります。

それが第3章第6節で伝授していく

「暗記する」戦略思考マップ

となるわけであり、第3章のメインディッシュとなります。

このタイミングで、こういう時に、
この「戦略スウィッチ」を使えば最高！
という角度でお教えします。
より整理していく章！

これをアタマにさらに入れることで、

「思考体力」からの「思考の瞬発力」

となるわけです。ここまでできたら最高！なので、頑張ってついてきてくださると嬉しいです。では、構造化、全体像のお話をもう少し挟んで、「暗記する」戦略思考マップにいきますので、お楽しみに。

何度言っても足りないと思っています。ので、また、言います。

天才を超えたければ、暗記し直しに、
「第2章」に戻りましょう。

「戦略思考」とは何か?

哲学を始めるつもりはないが、
僕なりの整理整頓

「戦略思考とは何か?」とか、本当にどうでもいい。と心底思っています。

なぜなら、戦略思考の定義を知ったところで、何も行動が変わらないから。

でも、巷の本はこういう「定義づけ」や「構造化」が大好き。

ですので、普通なら、本の冒頭にこういう話が来るはずだ。

でも、そういう本にしてしまうと、

つまらない。読みきれない。
使えるようにもならない。

なので、構造化とか、全体像とかは最後の第3章に。

でも、ざっくり、暗記しやすいように、思考の瞬発力のために、軽く整理しておきます。

その時に、戦略思考と合わせて理解してほしいのが、論点思考。

論点思考 VS 戦略思考

モノゴトを考える時、戦略もそうですが、常に、

問いと解

問いがあり、そして、その問いの「解」がある。

これは真理ですよね。

もうおわかりかと思いますが、

「問い」の世界が、論点思考。
「解」の世界が、戦略思考。

と僕は整理しております。もう少し説明を加えると、

何か問題に対峙したときに、
「何の問いに答えることができたら、
解決するのか？」
をミリミリと考えるのが、論点思考。
であり、論点思考という考える技術。

それに対して、
その問いが定まったとき、
「いかに、素敵な解を作るか？」
をミリミリと考えるのが、戦略思考。
であり、戦略思考という考える技術。

となります。ですので、本書では「問い」が定まったときに、どう素敵な解を作るか？を語ったことになります。

では、この「戦略思考」をどう捉えていくとスキル化しやすいか？というのを次に話していきたいと思います。

この本のテーマは「戦略思考」でしたが、考える力の両輪となる「論点思考」も学びたくなりましたら、僕が直接教えている「考えるエンジン講座」を受講してくださいませ。

「思考環境」「思考パス」「戦略スウィッチ」
用語整理、概念整理

　さて、サウナの外気浴のように、ぱっぱと「アタマ」を整理していきますよ。

　問いが定まったとき、「いかに、素敵な解を作るか？」をミリミリと考えるのが、戦略思考。であり、戦略思考という考える技術。

　この「戦略思考」というものをどう捉えていけばいいか？そのうえでどう鍛えればいいか？をお伝えします。

　僕は3つの概念で捉えています。

「思考環境」「思考パス」「戦略スウィッチ」

　これは、次節の「戦略思考マップ」の整理にもつながる話でもあります。

「思考環境」というのは、「今から、考え始める」ための前提条件や背景などを指す。

　「思考のスタートを切るぜ！」というときに、「思考環境」がちゃんと整っていないと、健やかに深く考えられないのです。

　本書で主にお伝えしてきたのはどちらかというと「ソフト」な思考環境ですが、「ハード」（物理的）な思考環境もあります。

朝7時に、お客さんの少ない、
スタバのあの席に座る。
PCを閉じ、
お気に入りのあのノートとペンを用意

というのが、物理的な、「ハード」な思考環境です。「さぁ、さぁ、さぁ、これから、グリグリと考えまっせ！」という事前準備です。

ここまでお話ししてきた「思考環境」はこのアタマの中バージョンと思ってくださいませ。

次は、「思考パス」。これはイメージ通りかと思います。

思考の「パス」＝思考の「道」をイメージしてもらうとわかりやすいはずです。

「思考パス」というのは、
「あれから考えて、その次にこれを考えて、
その次はあれを考えて、
その次はこれを考えて、
という考えるべきことの連なりを指す」

となります。まぁ、イメージが湧けば、それで十分でございます。

最後は、もちろん、この本のメインディッシュである「戦略スウィッチ」。

思考環境を整え、思考を進めていく。その道が思考パスと呼ばれる。そして、思考を進める、深めるためのスキルが「戦略スウィッチ」なのです。定義を書いておきますね。

「戦略スウィッチ」とは、思考を深く、面白くするための切り口を指す。

となります。具体的には第2章で語ってきた話です。

考える力など目に見えないことは「具体からの抽象」の順番で整理するのが本当に最高ですよね。

忘れてはいないと思いますが、1つの題材で、すべての「戦略スウィッチ」を使ってみたいと思います。

> Q. 都心のJR・地下鉄の駅から徒歩5分圏内を中心に
> 展開している料理教室チェーンの売上を3年間で
> 2倍にするためにはどうしたらいいか?

この題材で、第2章で覚えた「戦略スウィッチ」を使うと、どう思考が深まるか、面白くなるか?を今度は「戦略スウィッチ」毎にやっていきます。

01「大学1年生の英語留学っぽく考えてみると」
=リアリティ・スウィッチ イズ キング

覚えてますよね、「大学1年生」という状況を、リアリティをもって考えられるよう、サークルやバイトなどの日常を具体的にして、思考を深めていきましたよね。まさに、定義の通り、「自分勝手に状況などを置く」をしていく。

「都心のJR・地下鉄」の部分に着目して「自分勝手に状況などを置く」と、こうなりますよね。題材が進化し、考えやすくなります。

> **Q.** 渋谷駅や新宿駅などのターミナル駅はもちろんのこと、大手町駅や日比谷駅などのビジネスエリアの駅から徒歩5分圏内、駅ナカ、駅直結のビルを中心に展開している料理教室チェーンの売上を3年間で2倍にするためにはどうしたらいいか？

　という感じですよね。まさに、これからグリグリ思考を深めていくぞ！という、「思考環境」を整えたことになります。

　このように「思考環境」を整えておくと、思考をより長く続けられます。

02 「カインズっぽく考えてみると」
＝敵は誰か？消費者の意思決定の分岐

　さて、使っていきましょう、唱えましょう「カインズっぽく考えてみると」。

　覚えておられますか？「VS アマゾン（ネット＋α）」「VS 他のホームセンター」と消費者がカインズ以外のところに行ってしまう「分岐」を見定めて、思考を深めていきましたよね（この本を通して、「深めていきましたよね」をちょいちょい挟むことで「やべぇ、暗記してない」と思っていただき、覚えていなければ第2章に戻ってほしいという願いを込めています）。

　そこで「暗記」したフレーズをトレースしながら、この問題に当てはめればいいのです。

　例えば、

・料理教室 VS ヨガ教室

から、分岐は始まります。「時間ができたから、何か始めよう！」と思い立ったときに、料理教室が選ばれず、他の趣味に流れてしまっていないか？を切り口として考えていくわけですよね。

　そして、「なぜ、他に流れてしまったか？」の原因を考えて、打ち手につなげていくわけです。

　そのあと、

- 僕らの料理教室 VS 他の料理教室

とつづき、同じことを繰り返せばいいわけですよね。

では、次の「戦略スウィッチ」を使っていきましょう！

03「車の教習所っぽく考えてみると」 ＝ホーム・アウェイを地理的、視覚的に

この言い回し、もう懐かしささえあるかもしれません。

　「車の教習所っぽく考えてみると」と唱えると、地理的に、視覚的に「勝ちゲーム」と「負けゲーム」を見定める、と自動的に考えることになります。

　お題をもう一度、噛みしめてみると、

Q. 都心のJR・地下鉄の駅から徒歩5分圏内を中心に展開している料理教室チェーンの売上を3年間で2倍にするためにはどうしたらいいか？

ざっくり言えば、

- 勝ちゲーム
  - 都心のJR・地下鉄の駅。その中でも、ビジネスパーソンが使いそうな駅（例えば、大手町駅、日比谷駅）は勝ちゲーム。加えて、都心の高級住宅街の駅（例えば、広尾駅、麻布十番駅）も勝ちゲーム。

一方で、

- 負けゲーム
  - 都心から離れたエリア。その中でも、住宅街（例えば、さいたま新都心駅）や、専業主婦が多いエリアは完全なる負けゲーム。

という感じで、視覚的に考えていくことができる。

　この問題がコンサルティングを請け負ったもので、日比谷駅のB１出口から出て徒歩5分の場所にこの料理教室があったとしましょう。その時はプロとしてもっと細かく、つまり出口単位で、勝ちゲーム・負けゲームを考えるべきです。B１出口は勝ちゲームだけど、A１出口などは負けゲーム。といった感じです。

　ちなみに、整理のために先に言っておきますと、この「勝ちゲーム」「負けゲーム」のアタマの使い方をエリアではなく、ターゲット（カテゴリー）でやる「戦略スウィッチ」が「QBハウスっぽく考えてみると」となるわけです。こういう感じの整理は次の第３章第６節の「『暗記する』戦略思考マップ　12の戦略スウィッチの使いドコロ」で行います。

04 「コインランドリー参入問題っぽく考えてみると」
=生態系の変化に注目

　覚えてますか？覚えてますよね。僕が数ある「戦略スウィッチ」の中でもお気に入りなのが、この「コインランドリー参入問題っぽく考えてみると」。

　この戦略スウィッチは他と比べても、思考の非連続な進化感がお気に入り。

　コンビニの生態系がどう変化するか？を捉えて、その変化をプラス／マイナスに振り分け、課題を導く素敵な戦略スウィッチですよね。

　コンビニのセブンがコインランドリーという新規事業を行ったときの生態系の変化を考えましたが、この問題において「変化」をもたらしていることは何か？から考える必要があります。ここは少し、応用が必要です。

> **Q.** 都心のJR・地下鉄の駅から徒歩5分圏内を中心に
> 展開している料理教室チェーンの売上を3年間で
> 2倍にするためにはどうしたらいいか？

　この料理教室チェーンの売上が今まではそれなりに右肩上がりだったが、最近では横ばいになっているということであれば、YouTubeなどの動画コンテンツの出現や、それこそ社会的な問題（わかりやすいところで言えば、コロナなど）が「変化」にあたるわけです。それによって、

この料理教室チェーンの生態系、
ビジネス生態系はどう変化したか？

というのを詳らかにしていこうぜ。と、思考を深めていけばいいことになります。

　もし、1店舗単位で見ていくのであれば、例えば、日比谷店の売上が鈍化している、減少傾向にあるとします。市場というマクロ的な要因もあるが、ミクロ、例えば近くに競合ができていないか？などが変化になるわけです。

　それを踏まえて、問いを自問していく。

この料理教室チェーンの生態系、
ビジネス生態系はどう変化したか？

これが、まさに、「生態系」を考えていく戦略スウィッチとなるのです。

05「スギ花粉っぽく考えてみると」
＝利害関係者よ、全員集合

　同じ問題に異なる「戦略スウィッチ」を丁寧に使っていくと、思考が深まることがおわかりいただけると思います。

　第1章で、実践的なアタマの使い方の「連続」を体感し、第2章で、スキル化、スウィッチ化によって覚えやすく・使いやすくしていきました。そして、第3章で改めて違う角度で整理する。

　このくらい、丁寧にやらないと「考える力」は習得できませんからね。一対一の対面での講義とは異なり、誰にも間違っていることを指摘してもらえない環境で、自ら読んで理解していくわけですからね。

　第3章を読み終えたら、ぜひ第1章から「2周目」に挑戦してください。そうすることで、さらに皆さんがパワーアップし「天才」に近づきますし、そもそも、読む時間も半分以下で、より色々なことに気づけるはずです。

　「スギ花粉っぽく考えてみると」といえば、利害関係者。ありとあらゆ

る利害関係者を挙げましたよね。今回も、その思考をトレースすればいいだけ。

料理教室チェーンの利害関係者ですから、

- 料理教室の講師
  - ▷ 講師の種類も分ける必要があります。人気のイケメン講師、昔ながらの作法に厳しい講師、そして、新人講師。それぞれ、「利害」は違いますからね。
- 料理教室の生徒
  - ▷ ここは新規の人もそうですが、ベテランの常連の方。そして、男性の方など、さらに細かく分けたほうがいいでしょうね。
- 料理教室の競合のお店

この辺りは当然として、

- 料理教室が使う材料の提供者
- 料理教室が入っているビルのオーナー、管理会社
- 料理教室の最寄り駅
- 料理教室の周りのカフェ

なども、利害関係者になってきます。

例えばですが、料理教室の生徒仲間で帰り道にカフェに寄り、いわゆる"女子会"、井戸端会議をしているのであれば、それは「利害関係者」というか、思考に入れねばならない対象になりますよね。

このように、丁寧に「利害関係者」を詳らかにし、それぞれの「不満」や、ビジネスロジックを追っていくだけでも相当、思考が深くなりますからね。

06 「打倒セブンっぽく考えてみると」
＝競合は敵に非ず

おぉ、これはこの題材にはぜひ使ってほしい「戦略スウィッチ」ですね。

あと、題材＝論点は大事なので、何度でも、思い返す、口に出す、見返すことはビジネスシーンでも、日常でもしてくださいね。

知らぬ間にズレているのが論点というやつなんです。

で、「打倒セブン」は、こうでしたよね。

本当の競合は誰だ！

ですので、この題材を見たときに、

> Q. 都心のJR・地下鉄の駅から徒歩5分圏内を中心に
> 展開している料理教室チェーンの売上を3年間で
> 2倍にするためにはどうしたらいいか？

問題を読んだ瞬間に、

競合＝他の料理教室！

と思い込んでしまった方は、知らぬ間に思考を狭めていたことになります。

その時に、「打倒セブンっぽく考えてみると」と戦略スウィッチを唱えることで、思考の壁を破り、戦うべき本当の敵を見つけやすくなりますよね。

今回の料理教室チェーンでいえば、競合はクックパッドのような、オンラインの「テキスト」情報サイトや、YouTubeをはじめとする「動画」かもしれません。

もう一段つっこむと、料理をしなくてもよい「冷凍食品市場」かもしれません。

ほんと、「戦略スウィッチ」を覚えるだけで、思考を深める切り口がもらえますよね。

07「仏スーパーっぽく考えてみると」
＝調査の掟。わかった後の構造分岐に愛を

この「戦略スウィッチ」は他のものと異なり、使うタイミングが明確ですよね。もちろん、

調べるときは、
「仏スーパーっぽく考えてみると」

ですからね。今回でいえば、題材を使いやすくすると、こうなりますよね。

> Q. 都心のJR・地下鉄の駅から徒歩5分圏内を中心に
> 展開している料理教室チェーンの売上を3年間で
> 2倍にするためにはどうしたらいいか？について
> 検討を始めようとしています。
> そこでまずは「料理教室チェーン」を調べようと
> 思いますが、何を調べますか？

で、この時に、「仏スーパーっぽく考えてみると」ですから、戦略の分岐や「今後の検討」の分岐を洗い出し、「何がわかれば、その分岐に決着がつくか？」を考えればいいですよね。

この「戦略スウィッチ」はご紹介した戦略思考の中でも難度が高いので、ぜひこのタイミングでもう一度、第1章、第2章の該当箇所を読み返してもらえると嬉しいです。

○○ VS ○○

この「VS」を考えねば！と思える分岐が見つかれば、調査は必ず、成功します。

世の中の調査は、「なんとなく調べ始める」が蔓延してますからね。

今回でいえば、例えばですが、料理教室チェーンとして、どのくらいの打ち手を想定するか？で「VS」を作ると、

M&Aも含めた、ドラスティックな打ち手 VS 明日から始められる、地味な打ち手のみ

という分岐となりますよね。この分岐において何を知れば、この後の行動が決められるか？を考えていけばいいのです。そうすると、もうおわかりですよね。

予算がどのくらいあるか？ どのくらいの投資を行う意気込みがあるか？

となるわけです。「そういうことだったら、先に言ってよぉー！」と叫びたくなることを先に調べている感覚です。これを常に考えてください。

では、次にいきましょう。

08「QBハウスっぽく考えてみると」
＝ターゲットとの距離にご用心

　さて、これは少し前の「車の教習所っぽく考えてみると」の最後に書きましたが、ターゲットを「エリア」＝視覚的、地理的ではなく、ターゲット（カテゴリー）で考えていくのが、この「QBハウスっぽく考えてみると」です。

　「近場」＝使ってくれそうな距離感のターゲットから丁寧に考えていこう、というものでしたよね。

　さて、「QBハウスっぽく考えてみると」という戦略スウィッチで題材を嚙みしめますよ。

> **Q.** 都心のJR・地下鉄の駅から徒歩5分圏内を中心に
> 展開している料理教室チェーンの売上を3年間で
> 2倍にするためにはどうしたらいいか？

　距離の近いところ、すなわち通ってくれそうなターゲットから3つ挙げてみます。例を挙げる行為、それ自体が思考を深める切り口となります。

- 第1位：料理教室チェーンのある駅で働いている
    ビジネス・ウーマン
- 第2位：料理教室チェーンのある駅で乗り換える
    ビジネス・ウーマン
- 第3位：料理教室チェーンのある駅が「通勤の途中となる」
    ビジネス・ウーマン

このように、単に「ビジネス・ウーマン」とひと固まりで考えず、分けることで、思考を深めることができます。これができれば第3位の「わざわざ」途中下車するビジネス・ウーマンに来てもらうために「割引」はしてみたいが、そうじゃない、第1位と第2位はしない。といった、いわゆる、「戦略的色付け」という思考もできるようになります。

今回は「駅」で順位付けをしましたが、もっと大きい「VS」もあります。

例えば、

ビジネス・ウーマン VS 専業主婦

立地が「都心のJR・地下鉄の駅から徒歩5分圏内」ということで、ビジネス・ウーマンで考えましたが、ビジネス・ウーマン VS 専業主婦、を軸にターゲットを順位付けするのもいいかもしれません。

- 第1位：料理教室チェーンのある駅に住んでいる専業主婦
- 第2位：料理教室チェーンのある駅で働いている
　　　　　ビジネス・ウーマン
- 第3位：料理教室チェーンのある駅で乗り換える
　　　　　ビジネス・ウーマン

という感じでしょう。このようにターゲットとの距離を考えてみることで、その後の課題発見がよりしやすくなりますよね。

では、次にいきましょう！

09「定員割れ大学問題っぽく考えてみると」
＝論点思考と、フチドリ思考

　思考環境を整えるためのリアリティ・スウィッチに匹敵する大事な戦略スウィッチがやってまいりました。

　非常に重要なものなので、定義をそのまま書きますね。

戦略スウィッチ09

「定員割れ大学問題っぽく考えてみると」

　「何が問われているか？」を考える。特に、
　「〇〇ではなくて、□□」にて論点を嚙みしめる思考パス

　はい、大事。本当に大事。大事すぎて、別名がありましたよね。

フチドリ思考

　定員割れ大学問題でもやりましたし、新幹線車内のコーヒー販売の問題でも説明しました。

　定義にも書いてある、この部分、

〇〇ではなくて、□□

　ですよね。今回のお題を見て、皆さんはどの部分にこれを当てはめるか？思いついたはずです。

Q. 都心のJR・地下鉄の駅から徒歩５分圏内を中心に
展開している料理教室チェーンの売上を３年間で
２倍にするためにはどうしたらいいか？

- 「郊外のJR・地下鉄」ではなくて、「都心のJR・地下鉄から」
- 「徒歩15分圏内」ではなくて、「徒歩５分圏内」
- 「利益を」ではなくて、「売上を」
- 「３年で10倍」ではなくて、「３年で２倍」

　という感じでフチドルことで、違いを捉えたうえで思考することとなりますよね。

　この「戦略スウィッチ」は思考の先頭でズバズバッと使いますし、これまた先頭で使うことが多い「リアリティ・スウィッチ」とのコンボが最強です。

思考環境を整えるには、
リアリティ・スウィッチ×フチドリ思考

とカラダに馴染ませてくださいませ。

本当にこの２つ、思考環境の質を決めます。

10「フェルミ推定っぽく考えてみると」
＝フェルミ推定から始める「75点」思考

　この「戦略スウィッチ」は他のものとは一線を画すものですよね。

　わかりやすい表現の仕方をすれば、

とりあえず、
何も考えずに「因数分解」から考える。

では、今回のお題でもやってみましょう。

> Q. 都心のJR・地下鉄から徒歩5分圏内を中心に展開
> している料理教室チェーンの売上を3年間で2倍
> にするためにはどうしたらいいか?

　ですから、「料理教室チェーンの売上」を因数分解すればいいのです。
さくっとやってしまいますね。

料理教室チェーンの売上
= [料理教室チェーンの店舗数] × [1店舗の料理教室チェーンの売上]
= [料理教室チェーンの店舗数] × [1店舗の料理教室の生徒数] × [月会費] × [12ヶ月]
= [料理教室チェーンの店舗数] × [1店舗の料理教室の"延べ"生徒数] ÷ [1人の生徒が1ヶ月で料理教室に通う回数] × [月会費] × [12ヶ月]
= [料理教室チェーンの店舗数] × [1日の料理教室のレッスン数] × [1レッスンの生徒のキャパシティ] × [30日] ÷ [1人の生徒が1ヶ月で料理教室に通う回数] × [月会費] × [12ヶ月]

という感じになりますよね。

ここから、分解した［因数（ドライバー）］毎にそれが悪い原因をつぶさに見ていき、打ち手を考えていきますよね。

これぞ、フェルミ推定から始まる、問題解決となります。

この考え方も相当武器になるので、それを磨き込みたい方は僕の書いた『ロジカルシンキングを超える戦略思考 フェルミ推定の技術』と『「フェルミ推定」から始まる問題解決の技術』（共にソシム）をぜひ、読んでみてください。

11 「すごい素材っぽく考えてみると」 = 「条件分岐」を思考の先頭に持ってくる美学

これも、思考の先頭に持ってくる場合が多い「戦略スウィッチ」ですよね。

すごい素材を作っちゃった！その後の戦略を考えるというお題で、「その会社におけるストッキングという商品の位置づけ」によって、戦略分岐するってやつでしたよね。

> Q. 都心のJR・地下鉄の駅から徒歩5分圏内を中心に
> 展開している料理教室チェーンの売上を3年間で
> 2倍にするためにはどうしたらいいか？

例えばですが、この「条件分岐」とか、大事ですよね。

この料理教室チェーンが、業界第1位 VS 業界第2位以下

これによって戦略は大きく変わりますよね。

前者の「第1位」の立ち位置で、売上2倍にするとなれば、料理教室業界のマーケット自体を大きくすることになりますので、課題の作り方も戦略も変わりますよね。

一方で、後者の「第2位以下」の立ち位置であれば、「まだまだ、売上が第1位に比べると小さいので伸ばしたい」ということなので、料理教室業界のマーケットを広げるというよりは、自社・競合対策に検討の軸足がいきますよね。

この思考は本当に大事なのですが、できる方は結構レア。
というのは、

第1位か、第2位以下か？は調べたらわかる。から、条件分岐を洗い出す、という思考が思いつかない。

でも、この思考をすることで、今回の料理教室は店舗展開を制限している感じから第1位ではなさそうだと当たりをつけた後に調べた結果として、第3位だとわかったとすれば、

「第3位だからこそ、こういう戦略を練るわけです」

という思考を積み上げられるのです。戦略を考えたり、思考を深めたりするときに、その結果を見てみると、

「それって、この会社じゃなくても、こうしませんか？第3位の会社ならでは、ではないですよね。」

ということが往々にして起きます。それを避けることができて、「第3位」ならではの考えになっていたら、それは相当思考が深くなっている証拠になりますよね。

12「年間パスポートっぽく考えてみると」 ＝「そのまんま」思考、易きに流れない

では、最後になります。

年間パスポートのとき、安易に「特典を付ける」と考えてしまい、

「いや、いやいや、そういうことじゃなくって」

とクライアントから思われてしまうやつですよね。今回でいえば、

料理教室チェーンの売上を3年間で 2倍でしょ？ じゃ、M&Aや新規事業しましょう！

という思考ですよね。そうではなく、

この店舗／教室型の料理教室。 それも、ビジネス・ウーマン向け、 「そのまんま」で売上を伸ばす方法ってないのか？ から、考えてほしいわけだ。

まずは「そのまんま」考えたうえで、徐々に、「そのまんま」の制限を取っていくイメージですよね。

　これぞ、

「そのまんま」思考

となりますよね。

　さあ、これで、12個の戦略スウィッチを１つの題材に使ってみる解説が終わりました。
　いやぁ、使ってみて、書いてみて、理解が深まったと思います。
　こんな感じで、「戦略スウィッチ」を使いまくってほしいです。

　第１章で、「思考パス」を一連で感じてもらい、
　第２章で、スキル化ということで12個の「戦略スウィッチ」を１つずつ身に付け、
　本章＝第３章で、１つの題材に「戦略スウィッチ」をすべて使うことで、それぞれの違いを認識。

　ここまで丁寧に書かせてもらって、僕としても嬉しいです。
　では、最後、次節で、完璧に整理してしまいます。

「暗記する」戦略思考マップ
12の戦略スウィッチの使いドコロ

さぁ、待ってましたの「暗記する」戦略思考マップ、でございます。「戦略スウィッチ」の使いドコロを整理したいと思います。

繰り返しですが、「いつでも、どこでも」使ってほしいですから、思考の瞬発力を身に付けるためにも、皆さんに明日の会議から使ってもらうためにも、

戦略スウィッチを俯瞰し、「こういうタイミングで使うよね」

っていうのを整理して、「暗記する戦略思考」の締めにしたいと思います。

まずは、さっと、「戦略スウィッチ」を並べます（暗記してますか？暗記してくださいねって、意味で、並べています）。

戦略スウィッチ01

「大学1年生の英語留学っぽく考えてみると」

（別名：リアリティ・スウィッチ）

リアルに考えること。

特に、自分勝手に状況などを置く思考パス

戦略スウィッチ02

「カインズっぽく考えてみると」

誰が敵なのか？を考える。

特に、消費者／ユーザーがお金を使うまでの

「分岐（＝VS)」を詳らかにする思考パス

戦略スウィッチ03

「車の教習所っぽく考えてみると」

どこがホームで、アウェイか？を考える。

特に地理的／視覚的に「勝ちゲーム」か

「負けゲーム」か？を詳らかにしていく思考パス

戦略スウィッチ04

「コインランドリー参入問題っぽく考えてみると」

「生態系がどう変わるか？」を考える。

特に、既存事業・「今」へのポジティブ、ネガティブな影響

を詳らかにする思考パス

戦略スウィッチ05

スギ花粉っぽく考えてみると

利害関係者を考える。
ありとあらゆる登場人物の
「利害」を詳らかにする思考パス

戦略スウィッチ06

打倒セブンっぽく考えてみると

「本当の競合は誰か？」を考える。
特に、目の前の敵が競合かを疑う思考パス

戦略スウィッチ07

仏スーパーっぽく考えてみると

「わかった」後の行動を考える。
特に○○VS○○の形で
行動の分岐を軸とする思考パス

戦略スウィッチ08

QBハウスっぽく考えてみると

ターゲットの「距離」を考える。
どの層がターゲットになりやすいか？
の序列をつける思考パス

「定員割れ大学問題っぽく考えてみると」

（別名：フチドリ思考）

「何が問われているか？」を考える。特に、

「○○ではなくて、□□」にて論点を噛みしめる思考パス

「フェルミ推定っぽく考えてみると」

「因数分解から」考える。

特に、因数分解で自然とMECEを担保する思考パス

「すごい素材っぽく考えてみると」

「条件分岐」を考える。

特に、戦略の方向性が変わる条件を見極める思考パス

「年間パスポートっぽく考えてみると」

（別名：そのまんま思考）

「最も難しく」考える。特に、飛び道具に頼るなど

もっての外で「そのまんま」を前提とする思考パス

では、バシバシと整理していきます。

ステップ1：「調べる」VS「解く」

この分岐がまずは、ありますよね。

今回の「戦略スウィッチ」はほとんど、「解く」で使うものばかりでしたが、1つだけ、「調べる」向けのものがありましたよね。

ですので、「戦略スウィッチ」としては、まずはこの分岐。

「調べる」VS「解く」

そして、「調べる」なら、この戦略スウィッチをとっさに会議で叫んでください。

それで思考の瞬発力が発揮できてしまいます。

戦略スウィッチ07

「仏スーパーっぽく考えてみると」

「わかった」後の行動を考える。
特に〇〇 VS 〇〇の形で
行動の分岐を軸とする思考パス

「解く」だったら、他の「戦略スウィッチ」を使うと認識しておきましょう。

次に、「解く」となった場合、この分岐があります。

「フェルミ推定から始まる」戦略思考
VS
戦略思考

ですよね。「さくっと手始めに、解いてみるか」って時に使うのが「フェルミ推定から始まる」戦略思考ですよね。

戦略スウィッチ10

「フェルミ推定っぽく考えてみると」

「因数分解から」考える。
特に、因数分解で自然とMECEを担保する思考パス

ただし、あくまでクイック＝75点狙いの解き方ですので、
そのことは覚えておいてほしい。

ステップ3：「戦略思考」の始まりは
「リアリティ・スウィッチ×フチドリ思考」

ここからが本書の戦略思考のメインディッシュです。

まず、思考をスタートさせるとき＝「思考環境」を整える時に何がな

んでも、スウィッチ・オン！しなければいけないのが、このコンボです
よね。

戦略スウィッチ01

「大学1年生の英語留学っぽく考えてみると」

（別名：リアリティ・スウィッチ）
リアルに考えること。
特に、自分勝手に状況などを置く思考パス

戦略スウィッチ09

「定員割れ大学問題っぽく考えてみると」

（別名：フチドリ思考）
「何が問われているか？」を考える。特に、
「〇〇ではなくて、□□」にて論点を噛みしめる思考パス

でございます。このままだと覚えにくいので、

リアリティ・スウィッチ×フチドリ思考
のコンボと覚えてください。

これで、思考環境がめっちゃ整います。

さて、ここからは、ホームランをも狙う、本章のテーマ「戦略思考」

の思考パスにおける、残りの「戦略スウィッチ」の使いドコロとなります。

ステップ４：問題を解くうえでの 「登場人物」を把握することから始めよう

問題を解くうえで、大事なのは「課題」。

その「課題」をちゃんと見つけるために、まず何をするか？というと、もちろん、

現状を把握する。

その時に、すかさず登場させてほしいのが、こちら。

戦略スウィッチ05

「スギ花粉っぽく考えてみると」

利害関係者を考える。
ありとあらゆる登場人物の
「利害」を詳らかにする思考パス

ですよね。いま、皆さんが解こうとしている問いは必ず、日本だったり、世界だったりに根差していますよね。ですので、この戦略スウィッチによってその「世界」のうち、今回の問いに関係している部分を余すとこなく切り取るイメージです。

この思考プロセスを飛ばしてしまいますと、本当の課題を発見できませんからね。

そして、このタイミングでもう一段、深くするときは、これです。

> **戦略スウィッチ04**
>
> ## 「コインランドリー参入問題っぽく考えてみると」
>
> 「生態系がどう変わるか？」を考える。
> 特に、既存事業・「今」へのポジティブ、ネガティブな影響
> を詳らかにする思考パス

何か問題解決する時には、市場や事業自体に「変化」が起きている場合が多い。

ですので、今ある、「現状」を表面的に捉えるのではなく、「生態系」として、立体的に捉える思考が大事になってきます。

ステップ5：あらゆる手段で調べたが、まだ「わからない」現実が存在するとき

色々調べることになります。ありとあらゆる手段を使って調べることになりますが、それでも、わからないことや、聞かないとわからないことが出てきます。

そんな時に、この「戦略スウィッチ」なわけです。

「すごい素材っぽく考えてみると」

「条件分岐」を考える。

特に、戦略の方向性が変わる条件を見極める思考パス

「誰かに聞かないといけない」「議論しないとわからない」というとき
に、あらかじめ、思考を深めることが重要になる。

その時に、この「条件分岐」を考えることが大事。

もし、こうだったら、こういう方向性だけど、
逆に、あーだったら、あーいう方向性

ステップ6：課題を発見するときの1つの指針、
深く考える切り口

現状を詳らかにし、もう一段思考を深くし、原因を特定したい。

そんなときは、この3つを使い分けてほしい。

「カインズっぽく考えてみると」

誰が敵なのか？を考える。

特に、消費者／ユーザーがお金を使うまでの

「分岐（＝VS）」を詳らかにする思考パス

戦略スウィッチ03

「車の教習所っぽく考えてみると」

どこがホームで、アウェイか？を考える。

特に地理的／視覚的に「勝ちゲーム」か

「負けゲーム」か？を詳らかにしていく思考パス

戦略スウィッチ08

「QBハウスっぽく考えてみると」

ターゲットとの「距離」を考える。

どの層がターゲットになりやすいか？

の序列をつける思考パス

この３つを叫びに叫んで、思考を深くしてほしい。

少しだけ、使い分けの例を載せておきます。

まず、ビジネスを提供している立場から思考するとき。その中でも、

「立地」や、そこから来る「商圏」がある場合は、

「車の教習所っぽく考えてみると」

どこがホームで、アウェイか？を考える。
特に地理的／視覚的に「勝ちゲーム」か
「負けゲーム」か？を詳らかにしていく思考パス

逆に、「立地」は関係ないのであれば、

「QBハウスっぽく考えてみると」

ターゲットとの「距離」を考える。
どの層がターゲットになりやすいか？
の序列をつける思考パス

を唱えるのがいいでしょう。

で、一方で、ビジネスにおいて、お客さん・ユーザー側から濃く考えたほうがよさそうなときは、こちらですよね。

戦略スウィッチ02

「カインズっぽく考えてみると」

誰が敵なのか？を考える。

特に、消費者／ユーザーがお金を使うまでの

「分岐（＝VS）」を詳らかにする思考パス

あぁ、本当に面白いなぁ。戦略思考って。

ステップ7：
「課題」が揃ったとき、一度、引いて考えてみる

そのタイミングには、これですよね。

　まずは、ここまで「競合」と捉えてきたことは本当に競合なのか？を考える「戦略スウィッチ」の出番である。

戦略スウィッチ06

「打倒セブンっぽく考えてみると」

「本当の競合は誰か？」を考える。

特に、目の前の敵が競合かを疑う思考パス

ステップ8：課題が整い、打ち手を考える時でございます

このタイミングで大いに活躍するのが、この「戦略スウィッチ」ですよね。

戦略スウィッチ12

「年間パスポートっぽく考えてみると」

(別名：そのまんま思考)
「最も難しく」考える。特に、飛び道具に頼るなど
もっての外で「そのまんま」を前提とする思考パス

ひと通り、現状・課題・打ち手を考えたときに、今一度、この「年間パスポートっぽく考えてみると」で立ち止まり、

本当に論点の持ち主が解決したい悩み、
課題に取り組めているか？を考える。

皆さんも、「暗記した」戦略思考を使うなかで、「自分の仕事だと、よくこういうタイミングで使うな！」と思考の瞬発力を上げてもらいたい。
そして、「暗記した」戦略思考によって、周りの優秀な上司が自然と、この「戦略スウィッチ」を使っていることに気づけるはずだ。
そこから、皆さんも日々、磨いてほしい、

「戦略スウィッチ」の使いドコロを。

「考える力」の全体像と、戦略思考
考える力はスキルだ

皆さん、お疲れさまでした！
「暗記する」戦略思考“講義”も終わり。

最後に、「考える力」の全体像の中での「戦略思考」の位置づけを説明して、この本を締めたいと思います。

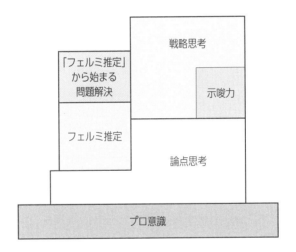

• 「プロ意識」

心の部分がすべての土台になってくる。少しカッコつけていうと「プロ意識」。
この定義は時代を経るごとに変化を遂げているし、遂げるべきだと思っています。

でも、その中でも普遍的なキーワードは「愛と想像力」と「チャーム」。誰かと仕事する、誰かと接するときに「相手の気持ちを想像し、それに愛をもって答える」は時代を超えて大事。

この「プロ意識」については、『変える技術、考える技術』（実業之日本社）で、詳しく書いておりますので、ぜひとも、読んでみてください。

・フェルミ推定（含む、ロジカルシンキング）

今回の戦略スウィッチ10にも登場しました、フェルミ推定は「考える力」の1つです。

その中には、わかったようでわからない「ロジカルシンキング」も含まれています。

この「フェルミ推定」については、『ロジカルシンキングを超える戦略思考 フェルミ推定の技術』（ソシム）に詳しく書いておりますので、ぜひとも、読んでみてください。

・「フェルミ推定」から始まる問題解決

まさに、これが戦略スウィッチ10でございます。

別名、75点の問題解決。自然と全体像、MECEを担保しながら考えていくのに適しています。クイック＆ダーティといいますか、まさに「サクッと」考えるときはこれを使います。

この「フェルミ推定から始まる問題解決」については、『「フェルミ推定から始まる」問題解決の技術』（ソシム）に詳しく書いておりますので、ぜひとも、読んでみてください。

・論点思考

戦略思考が「解」の世界だったら、「問い」の世界を突き詰めていく思考技術が、論点思考となります。

論点思考については、僕はまだ本を書いていません。が、「考えるエンジン講座」にて、教えております。一対一で論点思考を学べる、日本で唯一の講義です。

・戦略思考

　論点思考の上に積み上がり、「答え＝解」＝打ち手、結果につながる部分の思考が、本書でテーマにした「戦略思考」です。
　今回説明した「戦略スウィッチ」のほかにもまだまだ、あります。機会がありましたら、この続きを書きたいと思います。

・示唆力

　戦略を練るときに必要となるのが、事実から「何を言えるのか？」という示唆。
　俗っぽく言うと「So what?」と呼ばれるものです。こちらの世界も、深い世界です。
　この「示唆力」については、『「答えのないゲーム」を楽しむ 思考技術』（実業之日本社）に詳しく書いておりますので、ぜひとも、読んでみてください。

　これが僕の「考える力」の全体像です。
　そして、この考える力をベースに、アウトプットという意味で、「質問する技術、議論する技術」や、「言語化する技術」につながってきます。
　そのうち、この２つについても本を書きますので、楽しみにしていてください。

　最後になりますが、ここまでついてきてくださり、本当にありがとうございます。
　僕の熱量とともに、直接、教えたい思いでいっぱいですので、もし、街

中で見つけましたら、ぜひとも、本書『「暗記する」戦略思考』で読んだこと、解いたことなど質問してください。

　熱く語らせていただきます。

　本当にありがとうございます。
　これにて、「暗記する」戦略思考講義を終わります。

起立、気をつけ、礼！
ありがとうございました。

おわりに

『「暗記する」戦略思考』に込めた、もう1つの思いを語り切って、僕の、みんなの「水色ボン」を締めたいと思っております。

1つ目、「表」に込めたメッセージ、もちろん、これ。

「深く、面白く考える」というのは、そもそもの「地頭」や「センス」と思いがちだけど、そんなことない。

正真正銘「技術」だから、暗記すればいい。暗記すれば、できるようになる。

ですので、『ロジカルシンキングを超える戦略思考 フェルミ推定の技術』『「答えのないゲーム」を楽しむ 思考技術』とともに読み返ししていただき、このプロセスを回してほしい。

- 暗記→「不自然に」使う、「唱える」→違和感を発生させる！→質問、習う

ぜひ、戦略スウィッチを暗記し、唱えてほしい。その時に感じる「思考が変わった、深くなった」という感動と、「あれ、なんか違う？」という違和感が成長、進化の"とっかかり"になります。それをぜひとも、縁があれば、僕に質問したり、周りの仲間と議論してみてください。ここまでは毎回、お伝えしている話。

2つ目、「裏」に込めたメッセージは、これ。

自分自身でも、自分の「思考」の得意技もそうですし、「周りの」猛者たちの「思考」をちゃんと、言語化して、武器化する習慣をつけてほしいのだ。

皆さんならではの、
思考の「スウィッチ」を作る

　そう、あの上司、よくこんなこと呟いているなぁ！とか、あのクライアントからこんなインプットもらうなぁ！というのを集めることから始めてほしいのです。

　そこには、領域や事業内容に応じた、濃い「口癖」が存在するはずですので、それを、丁寧に、言語化して、武器としてください。

「本」から学び、「周り」から学ぶ。
そして、あたかも「自分」のオリジナルかのように使う、唱える。

　繰り返します。

　自分が昔から使っているかのように使う。それが、進化のスピードを上げるコツとなります。

　したり顔で、唱えていこうぜ。

　今回もお付き合いありがとうございました。
　最後に、感謝を示して終わります。

　もちろん、かんき出版の皆さん、そして、僕の１冊目『変える技術、考える技術』（実業之日本社）でコンビを組んだ、天才編集＝金山さん。彼なくしてこの本は生まれない。本当にいつ何時も「こだわり」という

名の"わがまま"に付き合ってくれて、ありがとうございます。この本に限らずですが、内容チェックに付き合ってくれる「考えるエンジン講座の生徒の皆さん（＝考えるエンジンマフィア！）」。その中でも、僕より真意を理解し、磨き込みに付き合ってくれる天才＝今村達也ちゃん。まじ、神のインプットをありがとう。好きだぜ。そして、デザイン、デザイン！水色ボン＝カバーカラーから、すべてが最高なデザインを作ってくださった＝吉田考宏先生。そして、執筆のエネルギーをいつも下さる、「トライフォース大島」の石毛先生。

　最後に、まだまだ「戦略思考」だけでも語りたいことが、あと3冊分はあるので、いつか、近いうちに、この本が売れたら、書きたいなぁ。

　じゃ、ということで、ありがとうございました！

考えるエンジン、執筆家、事業家、柔術家！
高松智史

【著者紹介】

高松 智史 （たかまつ・さとし）

◉──「考えるエンジン」と聞いて、"あ！"と思った方、ありがとうございます。
最近では、YouTube「考えるエンジンちゃんねる」や『変える技術、考える技術』（実業之日本社）、『ロジカルシンキングを超える戦略思考 フェルミ推定の技術（黄色ボン）』『フェルミ推定』から始まる問題解決の技術（ピンクボン）』（共にソシム）、『『答えのないゲーム』を楽しむ 思考技術』（実業之日本社）、『コンサルが「最初の3年間」で学ぶコト（緑ボン）』（ソシム）と聞いて、"お！"と思った方、本当にありがとうございます。

◉──「BCG（ボストン コンサルティング グループ）」で培ったこと、「考えるエンジン講座」を教える中で磨きをかけたことを「タカマツボン」6冊目として、本書『暗記する」戦略思考』を書きました！今度は「水色ボン」だ！
「プラクティカルに頭の使い方、面白い解の作り方」が学べる本。もう少し言うと、「戦略思考」＝「解、答え、意見、メッセージ」を作り出す考える技術を、「暗記する」＝「考える際に自分に問う、声に出して唱える」フレーズを覚えるだけで身に付けられる「思考技術」の本となります。
違う表現をしますと、ベストセラーとなった『コンサルが「最初の3年間」で学ぶコト』では書かれていない、コンサルタントの武器、思考技術にフォーカスした、秘伝の思考が学べる本。

◉──ビジネスパーソンの皆さんに「とりあえず、タカマツボンを読んでおけば大丈夫。特に、考える力系は」と言われるように、地味に地道にコツコツと参ります。

◉──宣伝ですが、同期・仲間よりも群を抜きたい方はぜひ、「考えるエンジン講座」を調べて、無料相談に来てください。法人研修もやっておりますので、問い合わせ、お待ちしてます。
「連絡先はこちらまで」takamatsusatoshi@win-kanata.com

◉──一応、略歴。
「文系数学の問題を2千問、暗記して、合格した」一橋大学卒。「親友の土居ノ内さんに薦められて、入社した」NTTデータを経て、「正しさを超えた面白さ、インパクトを追求する」BCGを経て、「考えるエンジン講座」「考えるエンジンちゃんねる」を提供させていただいております。

「暗記する」戦略思考

「唱えるだけで」深く、面白い「解」を作り出す破壊的なコンサル思考

2023年7月27日	第1刷発行
2023年8月10日	第2刷発行

著　者──高松　智史

発行者──齊藤　龍男

発行所──株式会社かんき出版

　　　　　東京都千代田区麴町4-1-4 西脇ビル　〒102-0083
　　　　　電話　営業部：03(3262)8011代　編集部：03(3262)8012代
　　　　　FAX　03(3234)4421　　　　　振替　00100-2-62304
　　　　　https://kanki-pub.co.jp/

印刷所──大日本印刷株式会社